Kos

Helmuth Weiß

Helmuth Weiß,
Jahrgang 1953, Studienabschluß als Diplom-Psychologe. Seit 1985 als Lektor und Autor für verschiedene Verlage tätig. Einer seiner Schwerpunkte ist Griechenland; er ist u. a. Autor von MERIAN live! »Chalkidiki«.

Auch wenn heute nur noch Ruinen vorhanden sind: Ein Besuch dieser herrlich gelegenen Ausgrabungsstätte läßt erahnen, warum das Asklepieion von Kos zu den bekanntesten und beliebtesten Heil- und Pilgerstätten der Antike zählte.

Inhalt

Willkommen auf Kos

6 Eine Insel stellt sich vor
12 Anreise und Ankunft
14 Mit und ohne Auto
16 Hotels und andere Unterkünfte

Kos erleben

18 Essen und Trinken
22 Einkaufen
24 Mit Kindern unterwegs
26 Sport und Strände
29 Feste und Festspiele

MERIAN-Tips

10 Lesetip
14 Autovermietung Kéfalos Tours
17 Panorama Studios in Kamári
21 Taverne Katerína im Westen von Kos
23 Naturschwämme aus Kálymnos
25 Spannende Ausflüge mit Kindern
28 Baden am Kap Kata
30 Beim Pferderennen von Pilí
43 Juwelier Gatzákis in Kos-Stadt
52 Restaurant Arap in Plátani
56 Captains Studios in Marmári
68 Antiquitäten und Café I Latérna in Lagoúdi
70 Kunstgewerbe in Pilí

Sehenswerte Orte und Ausflugsziele

32 **Kos-Stadt**

46 **Ziele in der Umgebung**
46 Ágios Fokás
46 Asklepieion
50 Embrós-Thermen
51 Lámbi
52 Platáni
53 Psalídi

54 **Die Nordküste**
56 Marmári
57 Mastichári
59 Tigáki

60 **Die Inselmitte**
62 Andimáchia
64 Evangelístria
64 Kardámena
68 Lagoúdi
68 Paléo Pilí
69 Pilí
71 Zía
72 Zipári

74 **Der Westen: Die Kéfalos-Halbinsel**
76 Kamári
80 Kéfalos-Stadt

81 **Ziele in der Umgebung**
81 Ágios Ioánnis Thymianós
81 Antikes Theater (Palátia)
81 Aspri Pétra
81 Panagía i Palatianí

Routen und Touren

82 **Mit dem Auto:** Inselrundfahrt auf Kos
84 **Mit dem Auto und zu Fuß:** Zum einsamen Westkap
85 **Mit dem Schiff:** Die Schwammtaucherinsel Kálymnos
90 **Mit dem Schiff:** Entdeckungsfahrt nach Léros
96 **Mit dem Schiff:** Die Vulkaninsel Níssyros
100 **Mit dem Schiff:** Zur »heiligen Insel« Pátmos
106 **Mit dem Schiff:** Badeausflug nach Psérimos
107 **Mit dem Schiff:** Ein Tag in Bodrum (Türkei)

Karten und Pläne

Kos und Níssyros ....
........................Klappe vorne
Kálymnos und Léros ....
........................Klappe hinten
Kos und Nachbarinseln ....
...............Umschlag Rückseite
Kos-Stadt..........................35
Asklepieion 47
Pátmos..........................101
Johanneskloster...............103

Die Buchstaben-Zahlen-Kombinationen im Text verweisen auf die Planquadrate der Karten.

Wichtige Informationen

108 **Kos von A–Z**
108 Auskunft
108 Bevölkerung
108 Diplomatische Vertretungen
109 Feiertage
109 Fernsehen
109 FKK
110 Fotografieren
110 Geld
111 Kleidung
111 Medizinische Versorgung
112 Notruf
112 Politik
113 Post
113 Reisedokumente
113 Reisewetter
113 Rundfunk
113 Sprache
113 Stromspannung
113 Telefon
114 Tiere
114 Trinkgeld
114 Wirtschaft
115 Zeitungen
115 Zeitverschiebung
115 Zoll
116 **Geschichte auf einen Blick**
118 **Sprachführer**
122 **Eßdolmetscher**
124 **Orts- und Sachregister**
128 **Impressum**

Eine Insel stellt sich vor

Willkommen auf Kos

Endlose Sandstrände locken Jahr für Jahr mehr Besucher auf das kleine Eiland. Doch darüber hinaus gibt es auch Sehenswertes aus seiner ereignisreichen Geschichte zu entdecken.

Kos ist mit seinen 290 Quadratkilometern nach Rhodos und Kárpathos die drittgrößte Insel des Dodekanes. Ungefähr 25 000 Einwohner leben hier das ganze Jahr über, doch während der Sommermonate explodiert das Eiland geradezu, und bis zu 60 000 Touristen gleichzeitig verbringen ihren Urlaub auf Kos. Damit ist auch schon zum Ausdruck gebracht, was die Wirtschaftskraft der Insel bestimmt. Nur noch ein geringer Teil der Bevölkerung, weniger als zehn Prozent der Erwerbstätigen, findet sein Auskommen in der Landwirtschaft. Gemüse und Zitrusfrüchte, Oliven und Wein gedeihen zwar gut auf den fruchtbaren Böden, doch wirklich Geld verdienen können damit nur noch wenige.

An die Stelle der Bearbeitung des Bodens ist das Dienstleistungsgewerbe rund um den Tourismus getreten. Hotels und Restaurants, Geschäfte und Reisebüros beschäftigen das Gros der Erwerbstätigen, und selbst die bescheidenen produktiven Zweige, wie die Herstellung von Keramik und Textilien, sind abhängig vom Kommen der Touristen.

Inselmetropole mit orientalischem Charme: Vom quirligen Hafen von Kos-Stadt aus lassen sich alle Sehenswürdigkeiten des Ortes – und davon gibt es nicht wenige – bequem zu Fuß erreichen.

Das Leben der Menschen hier zerfällt in zwei sehr verschiedene »Jahreszeiten«: Da ist die Reisezeit, die ungefähr sechs Monate umfaßt, in der nicht wenige eine Sieben-Tage-Arbeitswoche haben, in der von morgens bis abends gekocht, bedient und serviert werden muß. In dieser Zeit muß genügend Geld verdient werden für den Rest des Jahres, die ruhigeren Wintermonate, die Zeit der Vorbereitungs-, Bau- und Renovierungsarbeiten, für viele aber auch die Zeit der Arbeitslosigkeit. Der Tourismusboom der vergangenen 20 Jahre hat Wohlstand auf die Insel gebracht, der durchschnittliche Verdienst der Koer liegt mit an der Spitze der griechischen Einkommenspyramide.

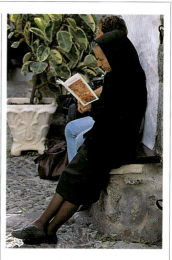

Augenblick der Besinnung: Das Johanneskloster auf Pátmos wird von Touristen und gläubigen Griechen gleichermaßen besucht.

Die Inselhauptstadt

Unumstrittenes Zentrum von Kos ist seine Hauptstadt, die den gleichen Namen trägt wie die Insel selbst. Fast die Hälfte der Einwohner hat sich hier niedergelassen, und die langen Strände nördlich und südlich der Stadt haben dazu geführt, daß hier auch ein Großteil der Touristen den Urlaub verbringt. **Kos-Stadt** ist nicht nur administratives Zentrum, hier konzentrieren sich auch die meisten Geschäfte, und die große Zahl an Bars, Tavernen, Diskos und sogar ein Freiluftkino versprechen Abwechslung am Abend.

Die Hauptstadt vermittelt am besten einen Eindruck von der Geschichte der Insel, denn aus fast allen Epochen blieben steinerne Zeugen erhalten. Da sind die Ruinen aus hellenistischer und römischer Zeit, die sich nur mit Hilfe der Phantasie zum Leben erwecken lassen; da ist das mächtige Kastell am Hafen, Sinnbild der entschlossenen Abwehr von Byzanz und Johannitern, den einstigen Herrschern auf Kos; da ragen spitze Minarette gen Himmel, Ausdruck einer mehrhundertjährigen türkischen Besatzungszeit. Nicht zuletzt die auf griechischem Boden ein wenig fremdartig wirkenden italienischen Bauten, deren etwas martialisches Gepräge aus den zwanziger und dreißiger Jahren des 20. Jahrhunderts stammt.

Insel des Hippokrates

Mit Kos-Stadt ist auch der »große Sohn« der Insel verbunden, Hippokrates. Dieser Vater der Medizin soll um 460 v. Chr. auf Kos geboren worden sein. Stolz wird als Touristenattraktion die Platane des Hippokrates unweit des Hafens präsentiert, unter der der berühmteste Arzt der Antike seine Weisheiten an Schüler weitergegeben haben soll. Darunter allgemeingültige Lebensweisheiten wie: »Das Leben ist kurz; die Kunst ist lang. Der rechte Augenblick geht rasch vorüber. Alle Erfahrung ist zweideutig. Und wie schwierig ist die Entscheidung in jedem Falle!«

Hippokrates ging als erster Arzt in die Geschichte ein, der die Medizin vom Glauben zu trennen begann. Zwar zweifelte auch er die göttliche Ordnung nicht an, doch seine Erkenntnisse waren für die damalige Zeit revolutionär: »Zweierlei sind Wissen und Glauben. Nichts ereignet sich ohne natürlichen Grund.« Entsprechend modern waren seine Ansichten über Therapie. Für ihn waren gesunde Ernährung und Bewegung wichtige Mittel für die Gesundung; ja, man könnte ihn sogar als einen der ersten Psychiater der westlichen Medizin bezeichnen, umfaßte seine ganzheitliche Betrachtung des Menschen doch auch psychosomatische Aspekte.

Bis in die moderne Zeit hinein war der Hippokratische Eid Bestandteil der Medizinerausbildung. In ihm heißt es u. a.: »Ich werde diätetische Maßnahmen treffen zu Nutz und Frommen der Kranken nach meinem Vermögen und Verständnis, und wenn ihnen Fahrnis und Schaden drohen, so werde ich sie davor zu bewahren suchen ... Was ich aber während der Behandlung sehe oder höre, das will ich, soweit es nicht außerhalb weitererzählt werden soll, verschweigen, indem ich es als ein Geheimnis bewahre.«

Gleich oberhalb der Stadt blickt mit dem Asklepieion die wohl bedeutendste Sehenswürdigkeit der Insel auf die Küstenebene herab. Hier wurde nach den Prinzipien des Hippokrates behandelt, von weit her kamen Heilung und Linderung ihrer Krankheit Suchende und verbrachten zum Teil längere Zeit im Heiligtum. Solche Heiligtümer zu Ehren des Gottes Asklepios gibt es viele in Griechenland, doch kaum eines strahlt heute noch eine derartige Würde aus wie dasjenige von Kos.

Über Dutzende von Kilometern erstrecken sich rund um Kos meist feinsandige, zum Teil auch kiesbedeckte Strände. Ihretwegen fand die Insel Aufnahme in die Prospekte der Reiseveranstalter und entwickelte sich zu einem beliebten Badeparadies. Da sind zum einen die Strände rund um Kos-Stadt, an denen sich zahlreiche Hotelanlagen angesiedelt haben. Da ist der gesamte Nordosten der Insel zwischen **Kap Skandári** und **Mastichári**, eine fast durchgehende Strandlandschaft, in der die drei Badeorte Tigáki, Marmári und Mastichári eine touristische Infrastruktur bereitstellen, die glücklicherweise den Stempel der Massensilos, wie vielerorts am Mittelmeer, nicht verdienen. Da sind die langen Strände zu beiden Seiten **Kardámenas**, wo in den letzten Jahren große Ferienanlagen aus dem Boden gestampft wurden, die zum Teil die Dimension eines kleinen Dorfes besitzen. Und da sind schließlich die Strände von **Kamári**, von nicht wenigen als die schönsten der Insel bezeichnet.

Überall dort, wo Hotels entstanden sind oder sich so mancher Einheimische mit Sonnenschirm- und Liegestuhlverleih seinen Lebensunterhalt verdient, werden die Strände gereinigt. Wassersportmöglichkeiten sind überall auf der Insel geboten. Vor allem unter Surfern hat Kos einen guten Namen; auch während der heißesten Jahreszeit wehen vornehmlich nordwestliche Winde, die Surfer fast nie zur Untätigkeit verdammen.

Antike Spuren, einsame Höhen und kleine Dörfer

Doch auch für Abwechslung jenseits des Strandlebens ist gesorgt. Die bescheidene Größe der Insel – von einem Ende zum anderen sind es kaum mehr als 50 Kilometer – verhindert zwar, daß völlig abgelegene Dörfer jenseits des Tourismusgeschäftes erhalten blieben. Doch die kleinen Dörfer am Rande des **Díkeos-Gebirges** wie Pilí, Zía und Lagoúdi lohnen aufgrund der Atmosphäre und des weiten Ausblicks einen Ausflug in die Inselmitte. Wer noch mehr Einsamkeit sucht, kann von hier aus in die Berge wandern, selbst der Díkeos, mit seinen 846 Metern höchster Gipfel der Insel, bleibt erreichbares Ziel.

Der Blick aufs Detail lohnt: Überall in der antiken Agorá stößt man auf die Spuren einer glanzvollen Epoche.

Ähnliche Stille finden Sie ganz im Westen von Kos, wo jenseits des Ortes **Kéfalos** keine menschliche Siedlung mehr die Einsamkeit einer Wanderung durchbricht.

Antike Spuren können Sie überall auf der Insel entdecken, Ruinen byzantinischer Kapellen, Reste hellenistischer Städte und Tempel und mittelalterlicher Burgen wie der von **Andimáchia**. Sie großartig zu nennen wäre übertrieben, sie sind eher unscheinbarer und harmonischer Bestandteil der Landschaft.

Geradezu eine Sensation für griechische Verhältnisse ist die Existenz von Fahrradwegen rund um Kos-Stadt. Vor allem im Norden und Osten der Insel mit einer überwiegend flachen Küstenebene können Sie Ihre Oberschenkelmuskeln ausgiebig trainieren. Den ganz Sportlichen unter Ihnen bleibt das Díkeos-Gebirge als anspruchsvolle, schweißtreibende Herausforderung.

Per Schiff zu den Nachbarn

Keinsfalls sollten Sie einen Urlaub auf Kos beenden, ohne wenigstens eine der Nachbarinseln aufgesucht zu haben. Sie alle besitzen ihren ureigensten Charakter – und vielleicht finden Sie ja auf diese Weise eines Ihrer nächsten Urlaubsziele.

16 Seemeilen vor Kos liegt **Kálymnos**, viertgrößte Insel des Dodekanes. Das sehr bergige, steinübersäte Eiland hat sich als »Insel der Schwammtaucher« einen Namen gemacht. Zwar fahren nicht mehr wie früher Hunderte von Schiffen zu ihrer gefährlichen Tauchfahrt hinaus, doch noch immer können Sie hier aus einer großen Zahl frisch »geernteter« Naturschwämme Ihren Bade- oder Zierschwamm auswählen. Vom Hauptort Póthia aus lohnt ein Besuch des kleinen Ortes Vathís am Ende eines langen, schmalen Fjordes. Hier reifen schon früh im Jahr saftige Mandarinen.

LESETIP

»Die Insel des Hippokrates hat bisher noch jeden Besucher entzückt. Ob Dichter oder Wanderer, alle rühmten sie Kos wegen seiner grünen Üppigkeit und seiner Stille... Kos ist die am besten geschützte und mit Recht die meistgerühmte Insel des Dodekanes.« Diese Zeilen entstammen dem Buch **Leuchtende Orangen** von **Lawrence Durrell** (rororo). Kos ist zwar nur in bescheidenem Umfang Gegenstand des Textes, doch ist seine Schilderung der Atmosphäre auf den Inseln kurz nach dem Zweiten Weltkrieg repräsentativ für die gesamte damalige griechische Inselwelt.

EINE INSEL STELLT SICH VOR

Steinig präsentiert sich auch das südlich von Kos gelegene **Níssyros**. Hauptattraktion ist sein mächtiger Vulkankegel, wo in einigen Kratern noch immer die Erde brodelt und dampft. Auf Terrassen wachsen Mandelbäume, Grundstoff zur Herstellung der Spezialität der Insel, **soumada**, eine wohlschmeckende Mandelmilch.

Die 34 Quadratkilometer kleine Insel **Pátmos** zieht Jahr für Jahr Tausende von Touristen an – wohl auch aufgrund einer alten Überlieferung: Hier soll der Evangelist Johannes in einer Grotte seine Offenbarungen diktiert haben. Von besonderer Schönheit ist das majestätisch hoch über dem Meer liegende Chóra mit dem Johanneskloster, bei einem Bummel durch seine Gassen bezaubert mittelalterliche Atmosphäre.

Auch wenn der Begriff schon etwas überstrapaziert ist – das knapp 55 Quadratkilometer große **Léros** ist noch so etwas wie ein Geheimtip. Von Chartergesellschaften noch nicht angesteuert, halten sich Tourismus und griechischer Alltag noch angenehm die Waage. Dabei hat die Insel mit ihren schönen Badestränden, der netten Bucht um Agía Marína mit seiner mächtigen Burg und dem von italienischer Architektur geprägten Lakkí einiges zu bieten.

Nicht versäumen sollte man auch einen Besuch des nahe gelegenen **Bodrum** auf dem türkischen Festland: Allein schon die Atmosphäre des Basarviertels läßt Besucher in eine andere Welt eintauchen.

Mehr als nur ein Hauch von Mystik: In dieser Grotte wurde dem Apostel Johannes die Apokalypse offenbart. Der Heilige wird seit dem 4. Jahrhundert als Schutzpatron der Insel Pátmos verehrt.

ANREISE UND ANKUNFT

Mit dem Flugzeug reist die Mehrheit der Touristen an. Weitaus beschaulicher und stimmungsvoller ist allerdings die langsame Annäherung per Schiff.

Mit dem Flugzeug Von fast allen größeren Flughäfen in Deutschland, Österreich und der Schweiz können Sie während der Sommermonate mit preisgünstigen **Charterflügen** nach Kos kommen. Die Preise für ein Flugticket liegen zwischen 500 und 900 DM je nach Reisezeit, Veranstalter und Abflugsort. Kurzentschlossene können manchmal auf Last-Minute-Angebote zurückgreifen, da kann dann schon einmal ein Schnäppchen für 300 DM dabei sein. Daß solche Billigangebote vorhanden sind, darauf können Sie sich allerdings keineswegs verlassen. Die Flugzeit nach Kos beträgt, je nach Abflugsort, zwischen zwei und vier Stunden.

Kos ist auch per **Linienflug** zu erreichen, allerdings müssen Sie dafür auf jeden Fall in Athen umsteigen und erheblich teurere Tickets in Kauf nehmen. Ein innergriechischer Anschlußflug von Athen nach Kos kostet ca. 140 DM und dauert knapp eine Stunde. Vor allem während der Sommermonate und um die Zeit des orthodoxen Osterfestes sind rechtzeitige Vorbuchungen bei den Vertretungen der nationalen Fluggesellschaft **Olympic Airways** unabdingbar.

Fähren verbinden das griechische Festland mit den Inseln. Die Fahrzeiten ab Piräus betragen zwischen elf und 15 Stunden.

Anreise und Ankunft

Sollten zu Ihrem Urlaubstermin sämtliche Charterflüge nach Kos ausgebucht sein, so besteht noch die Möglichkeit, auf die Nachbarinsel Rhodos zu fliegen und von dort mit einem schnellen Tragflächenboot oder per Inlandsflug Kos anzusteuern.

Der **Flughafen** von Kos liegt fast in der Mitte der Insel unmittelbar neben dem Ort Andimáchia, so daß Sie in relativ kurzer Zeit Ihr Hotel erreichen werden, egal an welchem Punkt der Insel Sie untergebracht sind. Sollten Sie eine Pauschalreise gebucht haben, so warten dort normalerweise **Transferbusse** für den Weitertransport zu Ihrer Unterkunft. Die Hauptstadt liegt 25 Kilometer entfernt, ein Taxi dorthin kostet ca. 4000 Drs. Für den Rückflug sollten Sie als Individualreisender rechtzeitig ein Taxi vorbestellen, am besten schon am Tag vorher.
Olympic Airways ■ b 4, S. 35
Odós Vassiléos Pávlou 22
Kos-Stadt
Tel. 02 42/2 83 31

Mit dem Schiff Wer über genug Zeit verfügt, die Anreise mit dem Flugzeug vermeiden und/oder unbedingt sein eigenes Auto mit nach Griechenland nehmen möchte, der sollte die Anreise mit Schiff und PKW über Italien ins Auge fassen. Eine Direktverbindung mit dem Schiff von Italien nach Kos gibt es allerdings nicht. Von mehreren italienischen Häfen aus (Venedig, Ancona, Brindisi, Otranto, Triest, Bari) setzen Fähren nach **Patras** auf dem griechischen Festland über. Von dort erreichen Sie mit dem Auto in etwa drei Stunden **Piräus**, den Hafen von Athen, wo während der Sommermonate täglich mindestens eine Fährverbindung mit Kos besteht. Vorabbuchung ist vor allem während der Monate Juli und August äußerst ratsam, jedes gute Reisebüro kann diese Buchungen vornehmen und über die sehr häufig wechselnden Fahrpläne Auskunft geben.

Die Fahrzeiten von Italien nach Patras betragen je nach Abfahrtshafen und gewählter Linie 20 bis 36 Stunden. Die Kosten liegen bei rund 200 DM für einen PKW und 70 bis 100 DM für eine Deckpassage (einfache Fahrt). Von Piräus nach Kos sind Sie elf bis 15 Stunden unterwegs. Für ein Auto müssen Sie mit etwa 150 DM rechnen, eine Deckpassage kostet pro Person etwa 50 DM (einfache Fahrt).

Mit Bus oder Bahn Nur für besonders unempfindliche Seelen und Menschen mit gutem Sitzfleisch ist die Anreise mit Bus oder Bahn zu empfehlen. Denn mit einer Fahrzeit von mindestens 40 Stunden muß man rechnen.

Mit dem PKW über Kroatien, Jugoslawien und Makedonien oder über die Strecke Ungarn, Rumänien und Bulgarien anzureisen war in den letzten Jahren wenig empfehlenswert, da Gefährdungen nicht auszuschließen waren. Über die aktuelle Situation auf diesen Anreisewegen können Sie sich am besten bei den Automobilclubs informieren.

Mit und ohne Auto

Mit dem Auto anzureisen lohnt sich kaum. Zum einen stehen ausreichend Mietfahrzeuge zur Verfügung, zum anderen kann man hier wunderbar Fahrrad fahren.

Mietfahrzeuge Vom einfachen und relativ preiswerten Fiat Marbella bis hin zum offenen Jeep steht Ihnen auf Kos eine breite Palette an Mietfahrzeugen zur Verfügung. Prüfen Sie immer den Zustand des Fahrzeuges vor Ihrer ersten Fahrt, vor allem Bremsen und Licht. Und auch ein Blick ins Kleingedruckte des Mietvertrages ist sinnvoll, vor allem in bezug auf Versicherung und Eigenbeteiligung bei Unfällen. Die Preise pro Tag liegen zwischen 70 und 120 DM für einen PKW. In den jeweiligen Orten ist die Preisstruktur der Anbieter meist ähnlich, in der Nebensaison und bei längerer Mietzeit können Sie den Preis meist etwas herunterhandeln.

Aufgrund der sommerlichen Temperaturen verlocken Mopeds, Vespas und Motorräder zu Touren über die Insel. Mietstationen gibt es in allen größeren Orten auf Kos. Leider kommt es jedes Jahr zu einer Reihe böser Unfälle, da immer wieder die Gefahren durch in der Hitze aufgeweichten Teer, Sand und Steine auf der Straße unterschätzt werden. Überdies besteht Helmpflicht, an die sich leider nur wenige halten.

Insgesamt sind die Straßenverhältnisse auf Kos als gut zu bezeichnen, alle Dörfer sind über Teerstraßen erreichbar, lediglich zu einigen abgelegenen Stränden führen schlaglochübersäte Sand- und Steinpisten.

MERIAN-TIP

Mietwagen werden in jedem Touristenort angeboten. Einen besonderen Service jedoch hat die Firma **Kéfalos Tours** im Programm: Der Mietpreis beinhaltet nicht nur Steuern und beliebig viele Fahrkilometer, die Vollkasko-Versicherung umfaßt auch einen 24-Stunden-Reparatur- und Abschlepp-Service, wobei die Reparaturleistungen sogar kaputte Reifen einschließen. Ein Tag kostet ab 10 000 Drs., eine Woche ab 63 000 Drs. Bei Vorab-Reservierung von zu Hause aus werden außerdem noch zehn Prozent Rabatt gewährt. Tel. 02 42/7 20 56, Fax 7 10 55.

Die griechischen **Verkehrsregeln** unterscheiden sich kaum von den unseren. Die Höchstgeschwindigkeit auf Landstraßen, und damit auch auf der Inselhauptstraße, beträgt 80 km/h, für Motorradfahrer 70 km/h. In Ortschaften sind 50 km/h erlaubt (Zweiräder 40 km/h). Die Alkoholgrenze liegt bei 0,5 Promille. Auf Kos finden Sie ein dichtes Tankstellennetz vor.

Öffentliche Verkehrsmittel Wenn Sie nicht gerade abgelegene Strände und Bergregionen aufsuchen wollen, können Sie auf Kos mit preiswerten öffentlichen Bussen jeden Ort erreichen. Die städtischen Busse bringen Sie in die Vororte, ins Asklepieion und zu den Stränden nördlich und südlich von Kos-Stadt. Die Überlandbusse bedienen zuverlässig auch die kleineren Dörfer, wenn auch teilweise nur wenige Male pro Tag. Fahrkarten können Sie im Bus kaufen.

Taxis Vor allem außerhalb von Kos-Stadt verkehren Taxis häufig zu Fixpreisen. Fragen Sie vorab, um vor Überraschungen sicher zu sein. Für Nachtfahrten und Gepäck werden Aufschläge verlangt.

Fahrräder Vor allem im Nordteil der Insel und rings um Kos-Stadt bieten sich Fahrräder als gutgeeignetes Fortbewegungsmittel an. An einigen Stellen gibt es sogar Fahrradwege – in Griechenland fast eine Sensation. In allen Touristenorten können Sie Drahtesel mieten, vom klapprigen alten Fahrrad ohne Gangschaltung für ganze 3 DM pro Tag bis hin zum sportlichen Mountainbike für 10 DM pro Tag für eine Tour in die Berge. Prüfen Sie bitte auch hier vorab den Zustand des Fahrrades!

Entfernungen (in km) zwischen größeren Orten auf **Kos**

	Andimáchia	Asklepieion	Embrós-Thermen	Kardámena	Kéfalos	Kos-Stadt	Marmári	Mastichári	Pilí	Platáni
Andimáchia	–	26	37	8	18	25	11	5	12	24
Asklepieion	26	–	16	23	44	4	18	24	14	2
Embrós-Thermen	37	16	–	44	55	12	29	34	28	14
Kardámena	8	23	44	–	25	32	19	12	9	25
Kéfalos	18	44	55	25	–	43	29	23	29	42
Kos-Stadt	25	4	12	32	43	–	16	22	16	2
Marmári	11	18	29	19	29	16	–	10	5	16
Mastichári	5	24	34	12	23	22	10	–	11	23
Pilí	12	14	28	9	29	16	5	11	–	16
Platáni	24	2	14	25	42	2	16	23	16	–

Hotels und andere Unterkünfte

Nur in der Hauptsaison, also in den Monaten Juli und August, können Engpässe bei den Übernachtungsmöglichkeiten auftreten. Jenseits dieser Zeitspanne ist die Auswahl groß.

Kos hat für jeden Geschmack und damit für jeden Geldbeutel die passende Unterkunft zu bieten. Vom luxuriösen Bungalowdorf und das Vier-Sterne-Nobelhotel bis hin zur familiären Pension und dem schlichten Privatzimmer reicht die Palette. Jenseits der Hauptreisemonate gibt es keinerlei Probleme mit der Zimmersuche; zu dieser Zeit läßt sich manchmal sogar ein günstiger Zimmerpreis aushandeln – Preisnachlässe bis zu 20 Prozent sind erzielbar.

Hotels werden in Griechenland von der griechischen Zentrale für Fremdenverkehr (E.O.T.) in mehrere Kategorien eingeteilt (Luxus, A, B, C, D und E), die jeweils einer bestimmten Ausstattung und Preisstufe entsprechen. Doch müssen diese Einteilungen nicht unbedingt mit Ihren persönlichen Vorstellungen konform gehen, sie bieten lediglich einen groben Anhaltspunkt. So kann ein Hotel der Kategorie B oder C durchaus eine angenehmere Atmosphäre und aufmerksameren Service bieten als ein Hotel der nächsthöheren Kategorie.

Die Vielzahl der kleinen Pensionen zeigt: Individualreisende sind willkommen. Auf Massentourismus sind die kleineren Inseln des Dodekanes noch gar nicht eingestellt.

Hotels und andere Unterkünfte

Ähnlich wie die Hotels sind auch Pensionen und Privatzimmer in Kategorien eingeteilt und unterliegen der Aufsicht der Fremdenpolizei. Wenn Sie nicht bereits pauschal gebucht haben, empfiehlt es sich, immer die Zimmer anzusehen, bevor Sie zusagen. Bei unüberbrückbaren Streitigkeiten mit dem Vermieter sollten Sie sich nicht scheuen, die Touristenpolizei einzuschalten.

Zimmerpreise In jedem Hotelzimmer muß laut Gesetz eine offizielle Preisliste aushängen, die den verbindlichen Zimmerpreis angibt. Dies gilt auch für Zuschläge, die in manchen Fällen – etwa bei einer kurzen Übernachtungsdauer von ein bis zwei Nächten, einem zusätzlich ins Zimmer gestellten Bett (20 Prozent) oder während der Hauptsaison – verlangt werden dürfen. In der Vor- und Nachsaison bieten einige Reiseveranstalter und Hotels günstigere Tarife für Einzelreisende an.

Normalerweise müssen Zimmer am Abreisetag bis 12 Uhr geräumt werden.

Camping Auf Kos gibt es nur einen einzigen offiziellen Campingplatz. Eine Übernachtung kostet pro Person zwischen 6 und 8 DM, ein Zelt zwischen 4 und 6 DM. Wildes Zelten und Camping ist in Griechenland untersagt, wird jedoch häufig toleriert, wenn es bestimmte Ausmaße nicht überschreitet.

Hotels sind bei den einzelnen Orten im Kapitel »Sehenswerte Orte und Ausflugsziele« beschrieben.

Preisklassen

Die Preise gelten für eine Übernachtung im Doppelzimmer für zwei Personen in der Hauptsaison, ohne Frühstück.
Luxusklasse 18 000–30 000 Drs.
Obere Preisklasse 13 000–18 000 Drs.
Mittlere Preisklasse 7000–13 000 Drs.
Untere Preisklasse 3000–7000 Drs.

MERIAN-TIP

Panorama Studios Die Aussicht über die Bucht von Kamári wird dem Namen der Unterkunft voll gerecht. Familie Diamantis, die eine freundliche und persönliche Atmosphäre zu schaffen weiß, hat viele Jahre in Deutschland gearbeitet. Alle Zimmer des modernen Hauses sind mit Kühlschrank ausgestattet, manche auch mit Kochmöglichkeit, und verfügen über einen Balkon. Voranmeldung ist ratsam. Der nächste Strand ist zehn bis 15 Minuten zu Fuß entfernt, auch die nächsten Tavernen und Geschäfte. Auto oder Moped ist also empfehlenswert. Kamári, Tel. und Fax 02 42/7 15 24 (im Winter Tel. 02 42/7 19 24), 17 Studios, Mittlere Preisklasse
■ B 3

Essen und Trinken

Die griechische Küche ist den meisten Urlaubern schon bekannt. Viel besser als zu Hause schmeckt sie allerdings unter freiem Himmel bei einer schwachen Brise vom Meer her ...

Wie überall, wo das Tourismusgeschäft den Alltag bestimmt, hat die sogenannte internationale Küche Einzug gehalten und damit zu einer bestimmten Einförmigkeit geführt. Das ist auch auf Kos und seinen Nachbarinseln nicht anders – die Pommes- und Cola-Kultur hat die traditionelle Küche ein Stück weit in den Hintergrund gedrängt. Zugegeben: Als Schlemmerparadies war Griechenland nie bekannt. Doch noch immer gilt: Ein aus frischen Zutaten bereitetes Gericht in einer typischen Taverne, mit regionalen Kräutern verfeinert, wird kaum einen Besucher enttäuschen. Auch das Weinangebot braucht keinen Vergleich zu scheuen.

Griechische Eßgewohnheiten Ein ausgiebiges **Frühstück** entspricht ganz und gar nicht griechischen Gewohnheiten. Ein Tässchen Kaffee, Toast mit Butter und Marmelade – das war's dann auch schon. Doch keine Sorge: Die meisten Hotels haben sich auf die Bedürfnisse der Pauschaltouristen eingestellt und bieten ein erweitertes Frühstück an, das man sich am Büfett zusammenstellen kann. Das ist jedoch nicht

Schicke Bistros und stimmungsvolle Tavernen — in Kos-Stadt ist die Auswahl an Cafés und Restaurants fast unüberschaubar. Irgendwo findet man aber immer noch ein passendes Plätzchen.

ESSEN UND TRINKEN

überall der Fall, so daß es in manchen Fällen besser ist, nur die Übernachtung zu buchen und sich sein Frühstück in einem Café selbst zu ordern.

In den Touristenzentren können Sie vielerorts bereits ab 11 Uhr ein **Mittagessen** zu sich nehmen. Für den kleinen Hunger zwischendurch reichen häufig auch die Imbißstuben (**psistaría**), in denen Sie sich mit **gíros** über den Tag retten können.

Hauptmahlzeit der Griechen ist das **Abendessen**. Dann hat die Hitze des Tages nachgelassen, und man kann genüßlich in geselliger Runde speisen. Während in den Hotels das Essen meist gegen 19 Uhr serviert wird und manche Restaurants ab 18 Uhr Abendessen anbieten, gehen Griechen häufig erst gegen 21 oder 22 Uhr in die Tavernen. Entsprechend lang wird dann auch getafelt. Natürlich hat der Massentourismus diese Grenzen durchbrochen, und vielerorts werden Sie inzwischen beinahe rund um die Uhr mit Essen versorgt.

Griechenland-Neulinge sind beim ersten Mal wahrscheinlich verblüfft: Griechisches Essen, ausgenommen Gegrilltes, wird traditionell lauwarm serviert, heiße Speisen auf dem Tisch sind Zugeständnisse an die Ansprüche der Touristen und kommen aus der Mikrowelle. Bewerten Sie es also nicht als Unhöflichkeit, wenn Sie, vor allem in einfachen Tavernen abseits der Touristenzentren, kein dampfendes Gericht vor sich stehen haben. Nach griechischer Auffassung kommt der Eigengeschmack der verschiedenen Zutaten nur lauwarm richtig zur Geltung. Dies gilt vor allem für den wichtigsten Bestandteil fast jeden Gerichts: Olivenöl. Für manche Besucher anfangs gewöhnungsbedürftig, ist es jedoch nicht nur schmackhaft, sondern auch gesund, wie wissenschaftliche Untersuchungen der letzten Jahre erwiesen haben.

In vielen Restaurants und Tavernen werden Sie mittlerweile mit mehrsprachigen Speisekarten erwartet. Meist sind jedoch nur diejenigen Gerichte verfügbar, die auch mit einem Preis versehen sind.

Eine liebenswerte und appetitanregende griechische Tradition tritt mit zunehmendem Massenbetrieb leider immer stärker in den Hintergrund: sich nicht auf die Speisekarte zu verlassen, sondern die Zusammensetzung seines Essens angesichts der Speisen zu bestimmen. In einigen kleineren Tavernen ist es noch üblich, am Tresen oder in der Küche zuerst einmal einen Blick in die verschiedenen Tiegel, Töpfe und Pfannen, ja sogar in den Kühlschrank zu werfen, die fertigen Gerichte zu begutachten und sich »mit den Augen Appetit zu machen«.

Wird nicht besonders darauf hingewiesen, wird in Griechenland alles auf einmal serviert. Will man das vermeiden oder kann man sich nicht verständlich machen, so ist es am besten, die einzelnen Gerichte einfach nacheinander zu bestellen.

Essen und Trinken

Die griechische Tischgesellschaft, die **paréa**, folgt meist einer sympathischen Tradition, die zur Nachahmung empfohlen wird: Man bestellt gemeinsam, alles wird auf dem Tisch aufgebaut, und jeder nimmt sich von den zahlreichen Tellern das, was ihm schmeckt. Auf diese Weise kann man zahlreiche verschiedene Gerichte probieren. Nach griechischer Sitte bezahlt am Schluß einer für alle, eine Ehre, um die heftigst gestritten wird. Noch immer führt es daher bei manchen Kellnern zu Schwierigkeiten, wenn mehrere Personen an einem Tisch einzeln bezahlen wollen. Im Rechnungspreis sind Mehrwertsteuer und Bedienung enthalten.

Die unterschiedlichen Lokaltypen Das **estiatório** ist ein Restaurant mit allen Arten von Speisen, ob Fisch oder Fleisch, Gebratenes, Gegrilltes oder Suppen. Hierher geht man eigentlich nur zum Essen, ohne sich hinterher noch lange aufzuhalten. In der Praxis kaum noch davon zu unterscheiden ist die bereits in den deutschen Sprachschatz aufgenommene **tavérna**. Ursprünglich ein Weinlokal mit einfachen Gerichten, bekommt man heute auch hier eine breite Palette an Speisen. Bis spät in die Nacht sitzen hier noch gesellige Runden zusammen. Nur noch relativ selten findet man eine **psárotavérna**, eine auf Fischgerichte spezialisierte Taverne. Das **kafeníon** ist noch immer beliebtester Aufenthaltsort vor allem der griechischen Männerwelt. Sie ist Nachrichtenbörse, politischer Stammtisch und Freizeittreff in einem. Hier bekommen Sie nur in Ausnahmefällen auch etwas zu essen. In einer **ouzerí** wird, wie der Name schon verrät, Ouzo serviert, aber auch andere Getränke, dazu kleine Vorspeisen. Eine **zacharoplasteíon**, eine Konditorei mit einer großen Auswahl an süßen Törtchen, Kuchen und Keksen, sollte man am besten am Nachmittag aufsuchen.

Getränke Getränk Nummer eins in Griechenland, ob zum Kaffee oder beim Essen, ist **Wasser**. Früher wurde bei jeder Bestellung ungefragt und kostenlos ein Glas oder eine Karaffe Wasser serviert, heute muß man meist eine Plastikflasche mit abgefülltem Wasser bestellen. Mittlerweile haben mehrere große europäische Bierbrauereien Niederlassungen in Griechenland eröffnet, Firmen wie Löwenbräu, Heineken, Amstel und Karlsberg produzieren ihren Gerstensaft also auch vor Ort. Nicht schlecht ist jedoch auch griechisches **Bier**, das unter dem tiefsinnigen Namen »Mythos« angeboten wird.

Doch noch immer ist **Wein** das traditionelle Getränk zum Essen. Der Weinverbrauch in Griechenland liegt doppelt so hoch wie in Deutschland. Der geharzte **Retsína** allerdings ist nicht jedermanns Geschmack. Harz wird dem Wein übrigens anstelle von Schwefel zur Konservierung beigefügt, der Bekömmlichkeit ist das ohne Zweifel sehr förderlich. Die Winzergenossenschaft auf

ESSEN UND TRINKEN

Kos produziert aber auch andere bekömmliche Weine wie den trockenen Weißen »Gláfkos«, den ebenfalls trockenen »Apellis« und die süßen Rotweine »Nectar« und »Vereniki.« Natürlich werden auf Kos auch andere gute griechische Weine angeboten, Weine aus Rhodos, Naoússa und von der Chalkidiki.

Die bekanntesten griechischen Spirituosen haben auch bei uns längst Einzug gehalten. Neben Brandy oder dem Weinbrand Metaxa gilt das vor allem für **Ouzo**, einen Anisschnaps, der sowohl pur als auch verdünnt mit Wasser getrunken werden kann. In sich haben es auch die reinen Tresterschnäpse, **rakí** oder **tsípouro**.

Jede Tageszeit eignet sich in Griechenland für einen Kaffee. Wenn Sie vermeiden wollen, daß Ihnen Nescafé serviert wird, bestellen Sie einen **café ellinikó**, ein starkes, mokkaähnliches Getränk ohne Milch, zu dem stets ein Glas Wasser gereicht wird. Dieser Mokka wird verschieden stark und unterschiedlich süß serviert – das ist fast schon eine Wissenschaft für sich. Das Wichtigste für den Anfang: **glikó** = sehr süß; **métrio** = mit etwas Zucker; **skéto** = ohne Zucker. Sehr erfrischend bei großer Hitze ist auch ein kalter, schaumig geschlagener und mit Eiswürfeln servierter Nescafé (**frappé**). Hilfestellung beim Bestellen leistet Ihnen der Eßdolmetscher (→ S. 122).

Restaurants sind bei den einzelnen Orten im Kapitel »Sehenswerte Orte und Ausflugsziele« beschrieben.

Preisklassen ☒

Die Preise beziehen sich jeweils auf ein Hauptgericht mit Salat, ohne Getränke, Steuern und Trinkgeld.
Luxusklasse ab 3500 Drs.
Obere Preisklasse ab 2500 Drs.
Mittlere Preisklasse ab 2000 Drs.
Untere Preisklasse ab 1500 Drs.

MERIAN-TIP

Taverne Katerína Gleich unmittelbar an den Club Mediterranée anschließend, ganz am Ende der Bucht von **Kamári**, wartet dieser Familienbetrieb auf hungrige Gäste. Katerína, die mit Mann und Kindern das Lokal betreibt, schafft nicht nur eine herzliche und freundliche Atmosphäre, sie weiß auch sehr gut zu kochen. Versäumen Sie es nicht, hier einmal die gemischte Fischplatte zu probieren – und fragen Sie nach selbstgebackenem Brot aus dem Holzofen, das allerdings nicht jeden Tag angeboten wird. Am wenige Meter entfernten Strand können Sie ein Bad genießen. Kamári, Tel. 7 15 13, ganztägig geöffnet, Untere Preisklasse ■ B 3

EINKAUFEN

Schmuck, Leder und Gewürze
– die Auswahl an preiswerten und handwerklich hochwertigen Souvenirs auf Kos ist groß, so daß für jeden etwas dabei sein dürfte.

Überall dort, wo Touristen in Scharen auftauchen, unterbreiten Souvenirhändler ein entsprechendes Angebot. Nicht anders auf Kos und seinen Nachbarinseln. In allen größeren Orten, in denen sich Hotelanlagen etabliert haben, finden Sie Souvenirgeschäfte, die eine bunte Mischung an mehr oder weniger geschmackvollen Mitbringseln bereithalten. Anders als die normalen Geschäfte, die im Sommer montags, mittwochs und samstags von 8 bis 14 Uhr, dienstags, donnerstags und freitags zusätzlich von 17 bis 20 Uhr geöffnet sind, halten Andenkenläden oft den ganzen Tag bis spät in die Nacht und sogar an Wochenenden ihre Pforten geöffnet. Die größte Auswahl finden Sie in Kos-Stadt in und um die Altstadt, aber auch Orte wie Kardámena und Zía bieten ein breites Sortiment an. Die Zeit des Handelns ist übrigens vorbei, die angegebenen Preise verstehen sich als Fixpreise.

Wie überall in Griechenland finden Sie auch auf Kos ein breites Sortiment an **Keramikerzeugnissen**: Vasen, Teller, Eßgeschirr und Gefäße aller Art. Die Produkte stammen meist aus den unterschiedlichsten Gegenden Griechenlands.

Besonders preisgünstig auf Kos sind **Lederwaren**. Das Angebot reicht von Gürteln über modische Handtaschen und Rucksäcke bis hin zu Schuhen griechischer Herstellung, die in Design und Verarbeitung nichts zu wünschen übrig lassen und trotzdem weitaus billiger sind als zu Hause. Machen Sie einfach mal einen Bummel durch die Schuh- und Ledergeschäfte von Kos-Stadt.

Ebenso breit ist das Angebot an **Silber**- und **Goldschmuck**. Aufgrund der niedrigeren Herstellungskosten in Griechenland sind aufwendig verarbeitete Schmuckstücke zum Teil erheblich preiswerter als von zu Hause gewohnt. Häufig sind Personen und Ereignisse der griechischen Geschichte und Mythologie in den Ringen und Ketten künstlerisch umgesetzt.

Ein besonderes Mitbringsel stellen die **komboloia** dar, einem Rosenkranz ähnliche Gebetsketten, die ihren ursprünglichen religiösen Sinn im griechischen Alltag längst eingebüßt haben. Sie werden in unterschiedlichsten Formen und Farben angeboten, aus Stein, Holz, Kunststoff oder Glas.

In den **Musikgeschäften** von Kos-Stadt finden Sie nicht nur die gesamte Bandbreite der internationalen Pop-Musik, mit griechischer Musik auf MC oder CD, von Folklore bis hin zu orthodoxen Gesängen, können Sie ein Stück Urlaubsatmosphäre mit nach Hause nehmen.

Antike **Ikonen** aus Griechenland auszuführen ist strengstens verboten. Doch das Angebot an Kopien ist groß, es reicht von industriell hergestellten bedruckten Bildtafeln – irritierenderweise häufig mit dem Zertifikat »hand-made« versehen – bis zu aufwendig handbemalten Kopien alter Meisterstücke. Diese zeitintensive Handarbeit hat dann natürlich auch ihren Preis. Um Schwierigkeiten mit dem Zoll aus dem Weg zu gehen, sollten Sie sich bei hochwertigen Ikonen ein Ursprungszertifikat ausstellen lassen. Auch **Textilien**, vom Anzug bis hin zu kleinen Stickereien und spitzenbesetzten Deckchen, die noch in Heimarbeit gefertigt werden, sind auf Kos preiswert zu erstehen.

Da alle Dodekanes-Inseln zollbegünstigtes Gebiet sind, werden hier **Spirituosen** und **Tabakerzeugnisse** preiswert angeboten. Das gleiche gilt erstaunlicherweise für **Regenschirme**. Im Zentrum von Kos-Stadt finden Sie eine unerwartet breite Auswahl auch an hochwertigen Markenschirmen.

In der Markthalle von Kos-Stadt, aber auch in vielen anderen Souvenirläden, können Sie sich mit Ihrem Jahresvorrat an **Kräutern** und **Gewürzen** eindecken, auch wenn nicht alle der angebotenen Pülverchen aus Griechenland stammen. Salbei, Thymian und Oregano werden Ihre Speisen zu Hause ohne Zweifel ebenso verfeinern wie eine Flasche Olivenöl aus regionaler Produktion. Die attraktiven Kräutermischungen eignen sich übrigens auch hervorragend als Mitbringsel für Freunde und Verwandte. Für alle möglichen Wehwehchen werden Kräutertees angeboten.

MERIAN-TIP

Kálymnos als traditionelles Zentrum der Schwammfischerei ist der beste Ort, sich einen **Naturschwamm** für die heimische Badewanne auszusuchen. Die etwas dunkleren, weniger ansehnlichen Exemplare sind übrigens chemisch nicht gebleicht und deshalb länger haltbar! Aber auch wer nicht die Gelegenheit hat, die Insel zu besuchen, wird auf Kos fündig werden, wenngleich hier die Auswahl nicht ganz so groß ist.

Mit Kindern unterwegs

Kinder sind hier gern gesehen.
Sie genießen auf Kos – wie in ganz Griechenland – bisweilen Freiheiten, die ihnen bei uns oft verwehrt werden.

Alle Eltern, die im Urlaub mit Kindern unterwegs sind, wissen, daß die Kleinen für gelungene Ferien oft ganz andere Maßstäbe setzen als Erwachsene. Zum Baden geeignetes Wasser, Sand zum Buddeln und Spielen sowie eine Reihe von Spielkameraden – das kann für einen unbeschwerten Urlaub schon völlig ausreichen.

Viele **Strände** auf Kos sind für Kinder sehr gut geeignet. Das Wasser ist im allgemeinen sauber, und an vielen Stellen fällt das Ufer sehr flach ab, so daß ungefährliches Planschen möglich ist. Kilometerlange breite Sandstrände, die in Hotel- und Ortsnähe täglich gereinigt werden, bieten ausreichend Spiel- und Buddelmöglichkeiten. Trotzdem sollten Sie **Badeschuhe** im Gepäck haben, denn leicht können Glasscherben oder scharfkantige Felsen zu Verletzungen führen. Darüber hinaus heizt sich der Sand während der heißesten Monate derartig auf, daß der Weg zum Wasser barfuß einem Sprint über glühende Kohlen gleicht.

Obwohl es sich eigentlich mittlerweile von selbst verstehen sollte, wird leider immer noch zu wenig darauf geachtet, Kinder nicht ungeschützt der prallen **Sonne** auszusetzen. Häufiges Verweilen im Schatten, das Eincremen mit **Sonnenschutzmitteln** mit hohem Lichtschutzfaktor und das Tragen eines Sonnenhutes und T-Shirts sind unumgänglich, um zarte Kinderhaut zu schützen.

Der Umgang von Griechen mit Kindern ist im Alltag von einer gewissen Lässigkeit und Unkompliziertheit geprägt. Viel stärker

Kinderfreundliche Atmosphäre statt Disneyworld, Spaßbädern und Animation: Kos und seine Nachbarinseln sind familienfreundliche Urlaubsziele.

sind sie in die Welt der Erwachsenen eingebunden, werden bis spät in den Abend in Restaurants und Bars mitgenommen oder tollen noch draußen herum. In den Restaurants und Hotels wird ihnen meist mit Geduld und Freundlichkeit begegnet. Dafür fehlen andererseits vielerorts bestimmte Dinge, an die wir uns gewöhnt haben. Bei Kinderstühlen und Kindermenüs ist das verkraftbar, wenn bei Mietwagen Kindersitze nicht erhältlich sind, zeugt das von Gleichgültigkeit und fehlender Sensibilität.

Schon ein Blick in die Prospekte der Reiseveranstalter verrät, mit welchen besonderen Einrichtungen für Kinder die verschiedenen Hotels locken: Das reicht von Kinderplanschbecken, Spielplätzen und Spielzimmern über Sportangebote bis hin zu speziellen Kindermenüs. Und in »Mini-Clubs« werden die Kleinen stundenweise betreut und eigene Kinderprogramme organisiert.

Gewöhnlich ist es auch kein Problem, in einem Doppelzimmer ein drittes Bett aufzustellen (20 Prozent Zuschlag). Eltern noch nicht schulpflichtiger Kinder können bei einigen Veranstaltern zusätzlich zu den normalen Kinderermäßigungen nicht unerhebliche Rabatte erhalten, wenn sie ihre Reisezeit in bestimmte Wochen der Vor- oder Nachsaison legen. Mit einem sorgfältigen Studium der Kataloge können Sie also so manche Mark sparen.

Am ausgefeiltesten und phantasievollsten ist die organisierte **Kinderbetreuung** in den großen Ferienclubs wie Club Méditerranée am Strand von Kéfalos oder im Robinson Club Daidalos bei Andimáchia. Abwechslungsreiche Kinderprogramme unter der Aufsicht von erfahrenen Animateuren schaffen Eltern so manche ruhige Stunde zum Abschalten.

Kinder erhalten in öffentlichen Verkehrsmitteln und auf Schiffen Ermäßigungen.

MERIAN-TIP

Spannende Ausflüge mit Kindern Besichtigungen sind normalerweise für viele Kinder ein Greuel. Aufregend sind allerdings »Eroberungen« von Burgen, die sich mit allerlei Geschichten und Spielen verbinden lassen. In Kos-Stadt bietet sich dafür das Kastell am Hafen an, sehr romantisch liegt auch die Festung von Alt-Pilí. In beiden Fällen sollten Sie wegen fehlender Absperrungen jedoch entsprechende Vorsicht walten lassen. Ein Ausflug auf eine Nachbarinsel mit einem der Piratenschiffe von Kos-Stadt aus macht Kindern meist große Freude.

Sport und Strände

Wassersport steht auf der Badeinsel Kos natürlich im Zentrum der sportlichen Aktivitäten. Doch auch sonst kommen bewegungsfreudige Urlauber voll auf ihre Kosten.

Kilometerlange, flach abfallende Sandstrände und zahlreiche Buchten mit sauberem Wasser machen Kos zu einer idealen Badeinsel – und so ist es kein Wunder, daß Schwimmen und Baden bei den Urlaubsfreuden an erster Stelle steht. Dazu kommen noch alle sonstigen Aktivitäten rund ums Wasser: Surfer finden an einigen Stellen hervorragende Windbedingungen; Neulinge haben die Möglichkeit, in Schulen erste Erfahrungen auf dem Brett zu sammeln. Wasserski und Paragliding ist ebenso möglich wie Segeln und Tauchen. Aber auch ein gemütliches Tretboot können Sie an einigen Stränden mieten.

Strände sind in Griechenland übrigens grundsätzlich frei zugänglich, ohne daß eine Gebühr erhoben werden darf. Eine Strandreinigung findet allerdings meist nur dort statt, wo auch Sonnenschirme und Liegestühle vermietet werden oder sich Hotels angesiedelt haben. An abgelegeneren Stränden muß mit angeschwemmtem Strandgut gerechnet werden – dafür ist man hier eher unter sich.

Doch auch wer sich an Land sportlich betätigen will, kommt auf Kos nicht zu kurz. Das vor allem im Norden flache Gelände eignet sich zum Fahrradfahren, die Berge indes sind nur etwas für trainierte Mountainbikefahrer. Viele größere Hotelanlagen verfügen über Tennisplätze und ermöglichen Beach-Volleyball. Einige sind auch mit eigenen Fitneßräumen ausgestattet. Und wenn die Sonne nicht allzusehr vom Himmel brennt, lockt eine Wanderung in den Bergen.

Bei gutem Wind flitzen die Kats in der Bucht von Kamári auf Kos übers Meer. Aufgrund seiner günstigen Windverhältnisse ist der Ort bei Wassersportlern sehr beliebt.

Sport und Strände

Mountainbiking

In allen Touristenorten werden Mountainbikes verliehen. Doch sollten ungeübte Radfahrer die Steigungen im Díkeos-Gebirge vor allem bei sommerlicher Hitze nicht unterschätzen und auf jeden Fall auch an einen ausreichenden Wasservorrat denken. Vorsicht sollte man auch aufgrund der oft sandigen und steinigen Pisten walten lassen.

Paragliding

An mehreren Stränden (z. B. bei Kos-Stadt, in Kamári, Kardámena) können Sie, von einem Seil gehalten, zu Gleitflügen über das Meer starten. Mehrere Anbieter unterhalten Stationen an vielbesuchten Stränden.

Radfahren

Die Gegend um Kos-Stadt sowie der Norden der Insel sind besonders flach und eignen sich deshalb sehr gut für Ausflüge mit dem Fahrrad, außerhalb der Hauptstadt ist sogar ein Fahrradweg angelegt worden. Zahlreiche Vermieter bieten mehr oder weniger gut gewartete Drahtesel an, so daß ein Vergleich durchaus lohnt.

Reiten

Bei der Horse Riding School von Marmári können Pferde und Ponys ausgeliehen werden. Die Schule veranstaltet auch Reitausflüge.

Segeln

Auf Kos werden im wesentlichen nur Katamaran-Segler verliehen. Eine stunden- oder tageweise Miete ist möglich.

Tennis

Die meisten größeren Hotels verfügen über einen eigenen Tennisplatz, zum Teil sogar mit Flutlicht, was bei großer Hitze tagsüber besonders angenehm ist.

Wandern

Vor allem der kaum besiedelte einsame Westen der Insel sowie das Díkeos-Gebirge eignen sich für Wanderungen jenseits touristischer Betriebsamkeit. Bedacht werden sollte dabei allerdings, daß gekennzeichnete Wanderwege bzw. Beschilderungen nicht vorhanden sind und auch geeignetes Kartenmaterial nicht erhältlich ist. Ein gewisser Orientierungssinn ist also vonnöten, und so manch abrupt endender Ziegenpfad oder Sandweg muß in Kauf genommen werden. Ein ausreichender Wasser- und Verpflegungsvorrat ist ebenfalls wichtig, da unterwegs in diesen Gebieten kein Proviant gekauft werden kann.

Wasserski

In allen größeren Touristenorten ist Wasserski möglich.

Windsurfen

Verleih von Surfbrettern und auch Surfschulen finden Sie an zahlreichen Stränden von Kos. Mit bisweilen starkem Seegang müssen Sie an der Nord- und vor allem Westküste rechnen. Die Bucht von Kamári ist für Surfer besonders gut geeignet. Die häufigen ablandigen Winde sind die Ursache dafür, daß dieser Teil von Kos innerhalb weniger Jahre zu einem der wichtigsten Surfreviere ganz Griechenlands wurde.

SPORT UND STRÄNDE

Strände

An geeigneten Badestränden fehlt es auf Kos wahrlich nicht. Fast die gesamte Nordküste östlich von Mastichári ist ein einziger langgezogener Sandstrand, an dem man immer ein freies Plätzchen finden wird. Auch nördlich und südlich von Kos-Stadt ziehen sich lange Sandstrände hin, die sich gut zum Baden eignen. Ausführlichere Strandbeschreibungen finden Sie bei den einzelnen Orten im Kapitel »Sehenswerte Orte und Ausflugsziele«. Im folgenden einige besonders reizvolle Strände:

Embrós-Thermen ■ E 2
Rund um die Therme reihen sich mehrere kleine Kiesbadebuchten aneinander. Nur wenige Schritte trennen Sie von einem »Gesundheitsbad« im schwefligen Naturbecken.

Limniónas ■ A 3/B 3
Der Strand ist winzig und wäre an und für sich nicht besonders erwähnenswert. Doch gleich nebenan liegen die beiden vielleicht besten Fischtavernen der Insel, so daß man ein Bad gut mit einem leckeren Mahl verbinden kann.

Paradise Beach ■ B 3
Der sehr schöne Sandstrand im Südwesten von Kos zählt zu den beliebtesten Ausflugszielen, entsprechend trubelig geht es dort während der Hauptsaison zu. Er ist auch gut mit dem Inselbus zu erreichen; von der Hauptstraße muß man nur noch wenige hundert Meter zu Fuß zurücklegen.

Psérimos ■ C 1
Ganztägige organisierte Badeausflüge von Kos-Stadt aus führen zu den empfehlenswerten feinsandigen Stränden der beschaulichen kleinen Nachbarinsel, die 4 km nördlich liegt.

Sunny Beach ■ B 3
Der flach abfallende Sandstrand liegt unweit des bekannteren Paradise Beach im Westen der Insel. Hier ist jedoch nicht ganz so viel los; eine nette schattige Taverne oberhalb des Strandes eignet sich gut für eine Stärkung.

MERIAN-TIP

Wenn Sie einmal abseits vieler Touristen baden wollen, empfiehlt sich ein Ausflug an die einsame Westküste. Rund um das **Kap Kata** erwartet Sie ein dünenbesetzter Sandstrand, an den sich nur wenige Touristen verirren. Südlich davon, am Sand-Kiesstrand bei der Kapelle Ágios Theólogos, gibt es eine gemütliche Taverne, deren Besitzer sich auf hungrige und durstige Badegäste freut. Allerdings benötigen Sie einen motorisierten Untersatz für diese abgelegene Gegend. ■ A 4

FESTE UND FESTSPIELE

Die Kirchweihfeste zu Ehren des örtlichen Schutzheiligen sind gesellschaftlicher Höhepunkt im dörflichen Leben. Gäste sind dabei herzlich willkommen.

Am Namenstag des Heiligen, dem die Kirche des Dorfes gewidmet ist, werden die **panijíria** gefeiert. Bereits am Vorabend findet ein Gottesdienst statt, der folgende Tag ist dann von Musik und Tanz, Essen und Trinken geprägt – und das meist unter freiem Himmel, wenn das Wetter mitspielt. Überhaupt haben die meisten Feste in Griechenland ihren Ursprung im Kirchen- und Heiligenkalender. Das bedeutendste Fest der orthodoxen Kirche ist dabei **Ostern**, das das Weihnachtsfest in seiner Bedeutung weit übersteigt. Falls Sie zu dieser Zeit auf Kos weilen, sollten Sie sich dieses Ereignis nicht entgehen lassen. Eigentlich endet zu Ostern eine 40tägige Fastenzeit, die mit einem großen Essen beendet wird. Zicklein und Lämmer brutzeln massenweise am Spieß über offenen Feuern. Doch so genau halten es die meisten mit den Fastenvorschriften heute nicht mehr.

Zwei Feiern haben explizit politischen Charakter: Der 25. März steht für den Beginn des Befreiungskampfes gegen die Türken 1821. Der 28. Oktober, der sogenannte Óchi-Tag, soll die Erinnerung an den Einmarsch der Italiener 1940 wachhalten.

Uralte liturgische Traditionen sind in allen Kirchenfesten lebendig.

Feste und Festspiele

Januar
Neujahrstag
An die Kinder werden an diesem Tag kleine Geschenke verteilt. Im Neujahrskuchen ist eine glückbringende Münze versteckt.

6. Januar
Epiphanias
Das Fest soll an die Taufe Jesu erinnern. Ein vom Priester ins Wasser geworfenes Kreuz wird von den jungen Burschen des Dorfes wieder herausgeholt.

Februar
Karneval
Am letzten Wochenende vor der Fastenzeit wird noch einmal tüchtig mit Musik und Tanz gefeiert.

März
Nationalfeiertag
Am 25. März wird an den Beginn des Befreiungskampfes gegen die Türken erinnert. Schüler, Soldaten und örtliche Honoratioren nehmen an diesem Tag an Paraden teil.
Am selben Tag wird auch das Kirchweihfest von Evangelístria gefeiert.

April
Ostern
Am Abend des Karfreitag wird Christus symbolisch zu Grabe getragen, eine Prozession, an der sich fast alle Gemeindemitglieder beteiligen. Am Ostersamstag wird dann das große Essen des nächsten Tages vorbereitet, das traditionelle Osterlamm wird geschlachtet. Religiöser Höhepunkt ist die Auferstehungsfeier am Abend des Karsamstag. Pünktlich um 24 Uhr spricht dann der Priester das erlösende »Christus ist auferstanden«. Vor allem die Jugend nutzt diesen Zeitpunkt für ein ohrenbetäubendes Spektakel mit Feuerwerkskörpern. Der Ostersonntag steht dann ganz im Zeichen der familiären Feier bis weit in die Nacht, zu der Verwandte auch von weit her anreisen.
Nächste Ostertermine:
11. April 1999, 30. April 2000

Mai
Tag der Arbeit
Am 1. Mai fahren die Griechen traditionell ins Grüne.

MERIAN-TIP

Am 23. April, dem Namenstag des heiligen Georg, wird in **Pilí** ein **Pferderennen** veranstaltet. Verletzungen sind bei diesem wilden Rennen allerdings nicht selten. Teilnehmer sind ausschließlich Amateure, die jedoch mit nicht minder großem Enthusiasmus an den Start gehen. An der Stirn des Siegerpferdes wird nach altem Brauch ein Osterei aufgeschlagen. ■ C 2

FESTE UND FESTSPIELE

Panijíria
Am 8. Mai feiert Lagoúdi sein Kirchweihfest.

Mai/Juni
Pfingstmontag
Der 50. Tag nach Ostern ist gesetzlicher Feiertag.

Juli
Panijíria
Am 26. Juli wird das Kirchweihfest von Kamári gefeiert. Am selben Tag findet eine Prozession zur Kirche Agía Paraskeví im Kastell von Andimáchia statt.

August
Festival Hippokratia
Während des ganzen Monats finden zahlreiche Veranstaltungen mit Musik, Theater, Tanz und Sport in Kos-Stadt statt. Aktuelle Programmhinweise erhalten Sie beim städtischen Tourismus-Informationsbüro (Odós Vassiléos Georgíou 1).

Mariä Entschlafung
Überall in Griechenland wird am 15. August der Muttergottes gedacht.

September
Panijíria
Kirchweihfest in Kardámena am 8. September.

Oktober
Nationalfeiertag
Am 28. Oktober, dem sogenannten Óchi-Tag (**óchi**=nein), wird an den Widerstand gegen den Einmarsch der Italiener 1940 erinnert.

Dezember
Weihnachten
Dem Fest wird geringere Bedeutung als bei uns beigemessen.

Silvester
Mancherorts ziehen Kinder singend von Haus zu Haus und erhalten kleine Geschenke.

Ostern, das Fest aller Feste, wird in jedem Ort der Insel mit Leib und Seele gefeiert. Nach der mitternächtlichen Zeremonie in der Kirche machen sich Familie und Freunde auf den Weg nach Hause, um die traditionelle Ostersuppe zu essen.

KOS-STADT

Während der Hauptreisezeit

scheint Kos-Stadt aus allen Nähten zu platzen. Im Kontrast dazu die zahlreichen stummen, steinernen Zeugen einer abwechslungsreichen Geschichte.

Kos-Stadt ■ E 1

12 000 Einwohner
Stadtplan → S. 35

Die eigentliche Geschichte der Siedlung beginnt im 4. Jahrhundert v. Chr., als Kos-Stadt als neue Inselhauptstadt gegründet wurde, wenngleich schon viel früher in dieser Region frühgriechische Achäer angesiedelt waren. Rasch entwickelte sich Kos-Stadt zu einer wohlhabenden Handelsniederlassung, nicht zuletzt aufgrund ihres geschützten Hafens und der Nähe zum kleinasiatischen Festland. Doch immer wieder mußten sich ihre Bewohner den Naturgewalten geschlagen geben, denn mehrmals im Verlauf der Jahrhunderte zerstörten gewaltige Erdbeben die Stadt. Das letzte Mal im Jahre 1933, als zahlreiche Häuser dem Erdboden gleichgemacht wurden.

Ebenso periodisch kamen Eroberer auf die Insel und rissen die Macht an sich. Den Griechen folgten die Römer, den Byzantinern, Venezianern und Johannitern schließlich die Türken. Alle hinterließen ihre steinernen Zeugnisse, so daß ein Bummel durch die Innenstadt einem Spaziergang durch ein Freilichtmuseum einer mehr als 2000jährigen Geschichte gleicht.

Das Zentrum von Kos-Stadt bildet der quirlige Hafen mit seinem bunten Gemisch aus internationalen Yachten, kleinen Fischerkähnen und Ausflugsbooten. Über all dem wacht die mächtige Burg als Wahrzeichen der Stadt. Hinter der Uferpromenade öffnet sich ein Gewirr von Gassen und Plätzen; die Zahl der Läden, Restaurants, Cafés und Bars geht in die Hunderte. Zum Glück sind große Teile der Altstadt als Fußgängerzone ausgewiesen, so daß man das Zentrum ungestört erobern kann. Begleitet wird das touristische Treiben durch ein Nebeneinander von modernen italienischen Bauten des 20. Jahrhunderts, osmanischen Moscheen und antiken Stadtresten, die der Inselmetropole Kos wie ein Kontrapunkt ihr unverwechselbares, interkulturelles Flair verleihen.

Zu beiden Seiten des Zentrums erstrecken sich kilometerlange Strandabschnitte, wo moderne Hotelkomplexe und Restaurants sich ganz auf den seit Jahren wachsenden Tourismus eingestellt haben und sich während der Sommermonate Liegestühle eng an eng reihen.

*Im Mandráki-Hafen
drängeln sich Ausflugsboote
und mondäne Yachten.*

KOS-STADT

Kos-Stadt

Hotels/andere Unterkünfte

Afenthoúlis südöstlich ■ c 4
Das kleine Hotel jenseits des lauten Zentrums bietet nette Zimmer und eine schöne Terrasse vor dem Haus.
Evripilou 1
Tel. 02 42/2 53 21
24 Zimmer
Untere Preisklasse

Alexis ■ a 2
Einfache Pension in unmittelbarer Hafennähe mit Duschen auf der Etage. Persönliche Atmosphäre, internationales Publikum.
Odós Irodótou 9
Tel. 02 42/2 87 98
9 Zimmer
Untere Preisklasse

Anna ■ a 3/b 3
Am Rande der Altstadt gelegene, ältere und persönlich geführte Pension in relativ ruhiger Lage. Gepflegte Zimmer, teils mit Balkon.
Odós Venizélou 77
Tel. 02 42/2 30 30, Fax 2 38 86
24 Zimmer
Mittlere Preisklasse

Iris südöstlich ■ c 4
200 m ist das ruhig gelegene Hotel vom Strand entfernt, südöstlich des Zentrums. Geräumige, saubere Zimmer und guter Service. Den Gästen, darunter viele Schweizer, steht ein schöner Pool zur Verfügung.
2 km südöstlich des Hafens
Tel. 02 42/2 44 54
30 Zimmer
Mittlere Preisklasse

Veroniki ■ b 3
Einfaches, aber gepflegtes Hotel ganz in der Nähe des Hafens.
Odós P. Tsaldári 2
Tel. 02 42/2 18 22
21 Zimmer
Mittlere Preisklasse

Kos Camping ■ E 1
Der einzige Campingplatz der Insel ist nicht besonders groß, doch trifft sich hier vor allem junges, internationales Publikum. Viele schattige Plätze, saubere Sanitäranlagen, das Meer ist nicht weit entfernt.
4 km südöstlich des Hafens (öffentlicher Busverkehr)
Tel. 02 42/2 32 75

Spaziergang

Wir beginnen unseren Rundgang durch das Zentrum von Kos-Stadt am belebten **Mandráki-Hafen**. Nach einem Bummel am Hafenrand entlang geht es in die P. Tsaldári, vorbei an den spärlichen Resten eines antiken **Stadions**, auf der wir eines der interessantesten Ausgrabungsfelder der Stadt erreichen. Hier befand sich das **Gymnasion**, an seinen wiedererrichteten Säulen leicht zu erkennen. Über eine alte römische Straße gelangt man in den östlichen Teil der archäologischen Grabungen, wo es mehrere **Mosaikfragmente** zu entdecken gilt, darunter die Darstellung der Entführung Europas durch Göttervater Zeus. Eine weitere interessante Ausgrabungsstätte liegt nur wenige Schritte entfernt auf der anderen Seite der belebten Straße Grigoríou E. Die Sitzreihen des kleinen römischen **Odéons** verführen zu einer beschaulichen Rast. Bevor es wieder zurück in das belebte Zentrum geht, sei Kunst- und Geschichtsinteressierten noch ein kurzer Abstecher zur **Casa Romana** empfohlen, eine einst prächtige römische Villa nebst Mosaiken im Freien.

Schräg gegenüber des Odéons führt eine kleine steile Straße vorbei am Ausgrabungsgelände hinauf zur Platía Diagóra. Mehrere Cafés und Restaurants laden hier zum Verweilen ein, bevor es über die schmale

HOTELS/ANDERE UNTERKÜNFTE – SPAZIERGANG

Gasse Apélou in das Straßengewirr der **Altstadt** geht, wo sich Geschäft an Geschäft reiht.

Die Straße Iféstou führt uns direkt zum zentralen Platz der Stadt, der Platía Eleftherías, von der **Markthalle** in zwei Teile geteilt. Hier erhebt sich die **Kathedrale** der Stadt, nicht weit entfernt die **Defterdar-Moschee**, gleich daneben das **Archäologische Museum**. Nette Cafés hinter der Markthalle und um die Moschee bieten ein schattiges Plätzchen für ein erfrischendes Getränk. Durch das sogenannte **Tor der Steu-** **ern**, von farbenprächtigen Bougainvilleen umrankt, gelangt man zur **Agorá**, dem antiken Marktplatz der Stadt. Die Loggia-Moschee weist uns den Weg zur berühmten **Platane des Hippokrates** und dem danebenliegenden italienischen **Gouverneurspalast**. Über eine kleine Brücke gelangt man ins **Kastell**, das einen schönen Blick auf das Hafenrund gewährt. Nur wenige Schritte sind es von hier aus zurück zu unserem Ausgangspunkt am Mandráki-Hafen.

Dauer: 2–3 Stunden

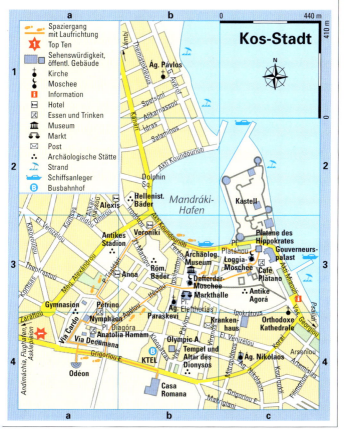

Kos-Stadt

Sehenswertes

Agorá ▪ b 3/c 3

Von der Platía Eleftherías her gelangt man durch das von farbenprächtiger Bougainvillea bewachsene **Tor der Steuern** auf das antike Ausgrabungsgelände. Das Tor selbst ist »jüngeren« Datums, es stammt aus dem 14. Jh. und markiert vermutlich die Stelle, an der ausländische Kaufleute einst Zoll für ihre Waren entrichten mußten. Das Ausgrabungsgelände war bis 1933 von Häusern bestanden, bis ein heftiges Erdbeben erhebliche Verwüstungen anrichtete und dadurch den Archäologen die Chance eröffnete, die antiken Reste freizulegen. Die antike Agorá war einst Mittelpunkt der Stadt, Markt- und Versammlungsplatz gleichermaßen. Heute finden sich hier Reste aus verschiedensten Jahrhunderten nebeneinander, so daß es dem archäologischen Laien schwerfallen dürfte, Strukturen zu erkennen.

Im westlichen Bereich des Geländes, markiert durch zwei wiedererrichtete Säulen mit Gebälk, befand sich der eigentliche Markt- und Versammlungsplatz mit einer Fläche von 160 x 80 m. Die ältesten Reste stammen aus dem 4. Jh. v. Chr. In den anschließenden Gewölben waren Läden und Werkstätten untergebracht. Die sich mitten durch das Gelände ziehenden Mauerreste gehören zu der hellenistischen **Stadtmauer**. An den korinthischen Kapitellen zu erkennen sind die spärlichen Überreste eines **Aphrodite-Tempels** aus dem 2. Jh. v. Chr. Im nordöstlichen Teil des Geländes, unterhalb der Loggia-Moschee, weisen wiedererrichtete Säulen auf eine Wandelhalle (**Stoa**) aus dem 4. Jh. v. Chr. hin. Später, im 5. Jh., hatte man an dieser Stelle eine dreischiffige Basilika errichtet, deren Spuren noch deutlich zu erkennen sind. In unmittelbarer Nähe gibt es – häufig zum Schutz durch Sand und Steine bedeckte – interessante Reste von Mosaiken zu entdecken. Das Ausgrabungsgelände ist jederzeit frei zugänglich.

Die wiedererrichteten Säulen der Agorá lassen zumindest eine Ahnung vom einstigen Glanz des Marktplatzes aufkommen.

Sehenswertes

Casa Romana ■ b 4
Die 1933 freigelegte und 1940 von italienischen Archäologen rekonstruierte römische Villa aus dem 3. Jh. n. Chr. demonstriert anschaulich den hohen Stand der Wohnkultur reicher Römer. Die Villa verfügt über drei Innenhöfe, um die sich zahlreiche Zimmer gruppieren.

Gleich rechts vom Eingang kann man einen Blick auf eine guterhaltene Toilettenanlage werfen, die das hohe kulturelle Niveau der damaligen Zeit bezeugt. Direkt am Eingang liegt der erste Innenhof, dessen Mosaikfußboden einen Löwen und einen Panther bei der Jagd zeigt. Im zweiten Innenhof wenige Meter weiter sind ebenfalls Reste des mosaikverzierten Fußbodens erhalten geblieben. Darauf sind u. a. Meeresnymphen, Delphine und Panther zu erkennen. Der sich anschließende Raum, das sogenannte **triclinium**, diente als Speisesaal und ist heute noch mit schönen Marmorarbeiten verziert. Der dritte und größte Innenhof schließlich hinterläßt einen besonderen Eindruck: Die das Atrium umfassenden Säulenreihen erstrecken sich über zwei Stockwerke und geben dem Ganzen ein luftiges Ambiente. Kenner werden entdecken, daß neben ionischen auch korinthische Säulen wieder aufgestellt wurden. In einigen der umliegenden Zimmer blieben noch Reste von Mosaiken sowie der Marmortäfelung erhalten.

Außerhalb der Villa bedecken die **römischen Zentralthermen** ein etwas unübersichtliches Ausgrabungsfeld. Doch das Umherschlendern lohnt, entdeckt man doch tönerne Reste alter Wasserleitungen, Spuren der sogenannten Hypokaustenheizung, einer Art antiker Fußbodenheizung, die an ihren runden, übereinander gestapelten Ziegeln erkennbar ist.

Odós Grigoríou E.
Di–So 8–14.30 Uhr (Einlaß bis 14.10 Uhr)
Eintritt 500 Drs.
Das Gelände der Thermen ist kostenlos zugänglich, doch ab 14.30 Uhr bleibt das Tor geschlossen.

Defterdar-Moschee ■ b 3
Die Moschee überragt den zentralen Platz der Stadt. Sie stammt aus dem 18. Jh., kann jedoch leider nicht besichtigt werden. Heute sind hier Geschäfte und Cafés untergebracht.
Platía Eleftherías

Dionysos-Tempel ■ b 4
Nicht weit von der Casa Romana entfernt blieben die spärlichen Reste eines Tempels und Altars für Dionysos erhalten, den Gott des Weines und der Feste.
Odós Grigoríou E.
Frei zugänglich

Italienische Bauten ■ b 3/c 4
Aus der italienischen Besatzungszeit blieben mehrere Bauten erhalten, die in der Stadt kaum zu übersehende architektonische Akzente setzen. Neben der bereits erwähnten **Markthalle** und dem gegenüberliegenden **Archäologischen Museum** an der Platía Eleftherías, dem zentralen Platz der Stadt, sind noch weitere Gebäude bemerkenswert. Der von den Italienern errichtete **Gouverneurspalast** an der Platía Platánou, dessen pompöse Fassade dem Meer zugewandt ist, beherbergt noch heute Gericht und Behörden. Seinen Innenhof ziert eine hochgewachsene Palme. Einen Blick wert sind auch die **Albergo Gelsomino** in der Odós Vassiléos Georgíou 1, wo heute die städtische Touristeninformation untergebracht ist, sowie das **Krankenhaus** in der Odós Ipokrátous, beide Ende der zwanziger Jahre erbaut.

Kos-Stadt

Kastell   c 2/c 3

Am östlichen Hafenrand, wo sich wahrscheinlich schon in der Antike und in byzantinischer Zeit Festungsanlagen befanden, errichteten die Johanniter die uns heute erhalten gebliebene mächtige Festungsanlage. Sie benutzten dabei Material der Vorgängerbauten, aber auch Steine, Säulen und andere Elemente von antiken Gebäuden.

Das Kastell besteht aus zwei Verteidigungsringen, einer inneren, zuerst errichteten Burg aus dem 14. Jh. und einem weitaus mächtigeren Mauerring, der allein von außen sichtbar ist. Er wurde im 15. Jh., als die Gefahr durch das expandierende Osmanische Reich immer größer wurde und starke Kanonen neue Verteidigungsanlagen notwendig machten, in relativ kurzer Zeit errichtet. Auch wenn ein erster Angriff einer türkischen Seemacht abgeschlagen werden konnte, übernahmen die Türken im Jahre 1523 doch die Herrschaft über die Insel und damit auch über das Kastell.

Der Eingang ist über eine Brücke zu erreichen, die an der Platane des Hippokrates beginnt. Bis ins 20. Jh. hinein überspannte sie einen schützenden Wassergraben, heute eine palmenbestandene Allee. Sie können die gesamte Anlage auf dem äußeren Wehrgang umrunden und durch Schießscharten oder von den mächtigen Bastionen aus immer wieder neue interessante Aus- und Einblicke auf die Stadt gewinnen.

Beim Durchstreifen des Burgterrains stößt man mehrfach auf Säulenfragmente und Reste mit Girlanden und Stierköpfen verzierter Altäre, zum Teil malerisch eingebettet und halb verdeckt von Gräsern und Blumen. Absperrungen haben auf dem Burgterrain jedoch Seltenheitswert, so daß Sie mit Kindern Vorsicht walten lassen sollten.

In den Sommermonaten finden innerhalb der Burgmauern bisweilen Theater- und Konzertaufführungen statt – aufgrund des Ambientes ein besonderes Erlebnis.
Am Mandráki-Hafen
Di–So 8.30–15 Uhr
Eintritt 800 Drs.

Kirche Agía Paraskeví   b 3

Oberhalb der Markthalle auf einer Terrasse gelegen, können Sie in diesem Gotteshaus traditionelle byzantinische Wandmalereien sehen, die alle aus den achtziger Jahren des 20. Jh. stammen.
Platía Agiás Paraskevís

Loggia-Moschee   c 3

Die 1786 errichtete Moschee trägt eigentlich – nach ihrem Erbauer – den Namen Hadji-Hassan-Moschee, erhielt jedoch aufgrund ihres Säulenganges den Namen Loggia-Moschee. Wie bei vielen anderen Gebäuden benutzte man auch bei ihrer Errichtung antike Baumaterialien, darunter vom nahen Asklepieion.
Platía Platánou
Innenbesichtigung nicht möglich

Odéon   a 4

Dem westlichen Ausgrabungsgelände gegenüber liegt ein römisches Amphitheater aus dem 2. Jh. Eine schöne Zypressenallee führt auf die 15 marmornen Sitzreihen zu, von denen einige noch im Originalzustand erhalten blieben. In den Gewölben des Odéons wurden zahlreiche Statuen entdeckt, darunter eine, die Hippokrates darstellen soll und die jetzt im Archäologischen Museum der Stadt ausgestellt wird. Manchmal können Sie hier Musik- und Theatervorstellungen lauschen – fast wie die alten Römer.
Odós Grigoríou E.
Die Ausgrabungsstätte ist ständig frei zugänglich

SEHENSWERTES

Platane des Hippokrates c 3
Der Legende nach saß in ihrem Schatten der berühmteste Sohn der Insel, der Arzt Hippokrates, und weihte seine Schüler in die Geheimnisse der Heilkunst ein. Und auch der Apostel Paulus soll bei seinem Aufenthalt auf Kos an dieser Stelle bereits das Evangelium gepredigt haben. Auch wenn ein damit verbundenes Alter von 2400 Jahren sicherlich übertrieben ist: Viele hundert Jahre – die Schätzungen reichen von 500 bis 2000 – dürfte der inzwischen hohle Baum schon alt sein. Ein kompliziertes Gerüst von Rohren und Trägern stützt die Platane mittlerweile, und auch ein hellenistischer Altar, mit Stierkopfmotiven verziert, trägt zur Standfestigkeit bei. Einen antiken Sarkophag unter dem Baum nutzten die Türken einst als Wasserbecken.
Platía Plátanou
Ständig frei zugänglich

Die antiken Baumeister verstanden ihr Handwerk: Auch in den oberen Sitzreihen des Odéons ist die Akustik noch hervorragend.

Westliches Ausgrabungsgelände
 a 3/a 4
Hellenistische und römische Bauten aus dem 3. Jh. v. Chr. bis ins 2. Jh. n. Chr. haben die Archäologen in diesem Teil der Stadt freigelegt. Das Gelände kann von mehreren Stellen aus betreten werden, wir beginnen unseren Rundgang aus nördlicher Richtung kommend von der Straße P. Tsaldári her.

Steht man vor dem Ausgrabungsfeld, geht man am besten links entlang und erreicht dann über die kleine Straße Ap. Pávlou eine Treppe. Von hier aus können Sie einen – leider sehr eingeschränkten – Blick auf das sogenannte **Nymphäon** aus dem 3. Jh. v. Chr. werfen, das Besuchern nicht offensteht. Anfangs hielten es die Archäologen angesichts seiner prachtvollen Ausstattung für ein Nymphenheiligtum – in Wirklichkeit war es wohl eine Bade- und Toilettenanlage. Die Innenwände sind mit Marmor verkleidet, an drei Seiten umgibt ein Säulengang einen mosaikverzierten Innenhof, an der vierten Seite sind Wasserbecken zu finden.

Die imposante Reihe von 17 wiedererrichteten dorischen Säulen

Kos-Stadt

markiert das einstige **Gymnasion**. Das war in hellenistischer Zeit nicht, wie der Name vermuten ließe, eine Schule, sondern eine Sportstätte für Athleten. Unser heutiges Wort Gymnastik erinnert an diesen Ursprung.

Gleich daneben erkennt man Gebäudereste späterer Zeit, öffentliche Badeanlagen der Römer, auf deren Ruinen eine frühchristliche Basilika erbaut wurde. An einigen Punkten können Sie interessante Mosaikreste entdecken, die jedoch an vielen Stellen von schützendem Sand bedeckt wurden.

Zwischen Gymnasion und Nymphäon führt eine alte römische Straße gen Süden, sie trug den Namen **Via Cardo**. An einigen Stellen sind auf dem Pflaster noch die tiefeingeschnittenen Wagenspuren zu erkennen. Fast rechtwinklig mündet die Via Cardo in eine weitere römische Straße, die **Via Decumana**, die parallel zur Odós Grigoríou E. liegt.

Folgt man der Straße bis zum Ende, so gelangt man linker Hand, am östlichen Ende der Ausgrabungsstätte, zu einer Reihe gutherhaltener Mosaike in einem römischen Haus. Sie zeigen unter anderem kämpfende Gladiatoren und einen Mann, der einen Eber erlegt. Einige Schritte weiter sind Reste römischer Thermen und Latrinen mit dem Mosaik eines Briefträgers zu sehen. Die dazugehörige Inschrift lautet: »Zwölf Stunden laufe ich«.

Nur wenige Meter entfernt gab ein Mosaik einer römischen Villa den Namen: **Haus der Europa**. Das Mosaik zeigt den Raub der phönizischen Königstochter Europa durch Göttervater Zeus in Gestalt eines Stieres. Ein Delphin und ein Eros mit einer Fackel in der Hand begleiten sie auf dem Weg nach Kreta.
Odós Grigoríou E.
Die Ausgrabungsstätte ist jederzeit frei zugänglich

Museum

Archäologisches Museum ■ b 3
Das kleine Museum, untergebracht in einem futuristisch wirkenden italienischen Bau der dreißiger Jahre, präsentiert – von einigen Mosaiken abgesehen – fast ausschließlich Skulpturen aus hellenistischer und römischer Zeit. Für einen Besuch sollte man ungefähr eine halbe Stunde veranschlagen.

Geht man am Eingang geradeaus weiter, so steht man alsbald im Innenhof vor dem zentralen Ausstellungsstück, einem farbigen Mosaik aus römischer Zeit (2./3. Jh.), das in einer Wohnung gefunden wurde. Es zeigt die Ankunft des Asklepios, des Gottes der Heilkunst – an Stab und Schlange gut erkennbar –, auf Kos. Er wird von dem auf einem Stein sitzenden Hippokrates, dem berühmtesten Arzt der Insel, und einem weiteren Einwohner begrüßt.

Im Innenhof rings um das Mosaik verdienen einige Skulpturen besondere Aufmerksamkeit (die Zahlen in Klammern entsprechen der Numerierung der Ausstellungsstücke). Die **Skulpturengruppe** (94) in der westlichen Ecke zeigt den nackten Gott Dionysos, der, seinem »Ruf« entsprechend, in der Rechten einen leeren Weinbecher hält und sich auf einen ebenfalls unbekleideten Satyr stützt. Seine Linke umfaßt einen Rebstock, den eine kleine Figur des Hirtengottes Pan mit Flöte und Hörnern ziert. Zu ihren Füßen spielt ein kleiner Eros, Symbol der Erotik, mit einem Panther. Gleich daneben die **Statue** (95) einer selbstbewußt wirkenden jungen Frau aus der Zeit des Kaisers Trajan (2. Jh.).

Die nordwestliche Ecke wird von einer Statue (97) der **Göttin Artemis** eingenommen, die gerade im Begriff ist, ihren Bogen zu spannen. Beglei-

Sehenswertes – Museum

tet wird sie von ihrem Jagdhund. Die Göttin der Gesundheit (98), **Hygieia**, auf die das Wort Hygiene berechtigterweise hindeutet, steht im Zentrum der nördlichen Wand. In ihren Händen hält sie eine Schlange, der sie ein Ei anbietet, zu ihren Füßen Eros, der Gott der Liebe. Die Statue des **Asklepios** (101) blieb nur ohne Kopf erhalten, doch die Insignien des Stabes mit der Schlange geben einen untrüglichen Hinweis auf die dargestellte Person. Ihm zu Füßen ein kleiner Dämon mit dem Namen Telesphoros.

Der östliche Saal birgt Statuen aus der römischen Epoche. An der Seite eines Lammes der Götterbote **Hermes** (91), bekleidet mit Hut und Sandalen. Ein gefesselter, an den Armen aufgehängter Mann (77) stellt den Satyr **Marsyas** dar; das Ausstellungsstück war einst Teil eines Tisches. Zwei Statuen (79, 81) zeigen die vielbrüstige Göttin Artemis, auch wenn mittlerweile allgemein davon ausgegangen wird, daß es sich bei den »Brüsten« um umgehängte Stierhoden handelt, was auf einen alten kultischen Brauch zurückgeht.

Der nördliche Saal birgt Funde aus römischer und hellenistischer Zeit gleichermaßen, darunter Darstellungen von **Tyche** (56), der römischen Göttin des Glücks aus der zweiten Hälfte des 1. Jh. v. Chr., der **Demeter** (45) und einer **Kore** (44). Eine kleine Statue zeigt die ein wenig bedrohlich wirkende Göttin **Athena** (65). Kurz vor dem nächsten Saal verdient noch die kopflose Statue der **Aphrodite** (38) mit dem Gott der Liebe, Eros, Beachtung.

Die Statuen des westlichen Saales stammen vornehmlich aus der hellenistischen Periode. Die Statue am Kopf des Saales stellt vermutlich den in ein faltenwerfendes Gewand gehüllten **Hippokrates** (32) dar. Der Grabstein eines **Athleten** (5) zeigt diesen als muskulösen Mann mit einem Siegerkranz in den Händen.
Platía Eleftherías
Di–So 8.30–15 Uhr
Eintritt 500 Drs.

Viel Atmosphäre in schlichtem Ambiente: Die teilweise sehr gut erhaltenen Götterstatuen im Archäologischen Museum faszinieren durch ihre Ausdruckskraft.

Essen und Trinken

Anatolía Hamám ■ a 4
Stilvoll speisen können Sie in diesem ehemaligen türkischen Bad aus dem 16. Jh. Sei es in den orientalisch anmutenden Innenräumen oder auf der luftigen Gartenterrasse: Eine gute Weinauswahl und eine abwechslungsreiche Karte erwarten Sie. Dafür müssen Sie allerdings auch etwas tiefer in die Tasche greifen.
Platía Diagóras
Tel. 2 83 23
Tgl. ab 10 Uhr geöffnet
Luxusklasse (AE, EC, Visa)

Café Aenaos ■ b 3
Unter schattigen Bäumen an der Defterdar-Moschee treffen sich Touristen und einheimische Jugend gleichermaßen. Ein guter Platz zum Sehen und Gesehenwerden.
Gegenüber der Markthalle an der Platía Eleftherías
Tgl. ab 8 Uhr morgens

Café Plátano ■ c 3
Mit Blick auf Agorá und die Platane des Hippokrates ergibt sich – bei dezenter klassischer Musik im Hintergrund – eine ganz besonders entspannte Atmosphäre, vor allem am Nachmittag, wenn der Strom der Touristen etwas nachgelassen hat. Die eindrucksvolle Aussicht schlägt sich leider in überhöhten Preisen nieder.
Platía Platanou
Tgl. ab 8 Uhr morgens

Kalí Kardiá ■ b 3
Unter den Arkaden der Markthalle gibt es deftig Gegrilltes in einfachem Ambiente.
Platía Eleftherías
Tel. 2 47 80
Tgl. ab 9 Uhr
Untere Preisklasse

Kochíli ■ a 2 (verdeckt)
Die Taverne und Ouzerí bietet gute griechische Küche, auch leckere Vorspeisen und Fisch sind im Angebot.
Odós Alikarnassoú/Amerikís
Tel. 2 50 00
Tgl. ab 18 Uhr
Mittlere Preisklasse

Olympiáda ■ b 4
Traditionelle griechische Küche erwartet Sie in diesem einfachen Restaurant in der Nähe des Busbahnhofs.
Odós Kleopátras 2
Tel. 2 30 31
Tgl. ab 12 Uhr
Mittlere Preisklasse

Pétrino ■ a 3/a 4
Das Essen wird in einer schönen Gartenanlage auf mehreren Ebenen serviert, die Speisekarte ist abwechslungsreich und vielfältig, doch kann die Qualität der Speisen nicht mit dem sehr schönen Ambiente mithalten. Außergewöhnlich ist das vielfältige Salatangebot.
Platía Ioánnou Theológou
Tel. 2 72 51
Tgl. ab 18 Uhr
Obere Preisklasse (EC, Visa)

Psaropoúla nördlich ■ b 1
In dieser einfachen, aber sehr guten Taverne nordwestlich des Hafens sollten Sie keinen vornehmen Kellner erwarten, doch das Essen übertrifft so manch schickes Lokal. Viele Fischgerichte werden hier serviert, von Tintenfisch über Schwertfisch bis hin zu Muscheln und einer leckeren Fischsuppe. Hier können Sie auch **fava** probieren, ein mit Öl und Zwiebeln gewürztes Erbsenpüree.
Odós Averóf 17
Tgl. ab mittags geöffnet
Mittlere Preisklasse

ESSEN UND TRINKEN – EINKAUFEN

Einkaufen

Die Altstadtgassen oberhalb des Hafens, die über weite Strecken als Fußgängerzone angelegt sind, bieten ein buntes Gemisch von Läden, Schmuckgeschäften, Boutiquen und Souvenirshops aller Art. Cafés für eine Pause zwischendurch sind in ausreichender Zahl vorhanden. Auch in der El. Venizelou und den umliegenden Straßen werden Sie beim Einkaufen sicherlich fündig werden. Die Souvenirläden haben auch am Sonntag geöffnet.

Denis ■ b 3
Gleich neben der Markthalle lassen die Vitrinen mit köstlichem Kuchen, Plätzchen und Süßigkeiten so manchen beim Vorübergehen schwach werden.
Odós Vas. Pávlou 9

Foreign Press ■ b 3
Nur wenige Schritte vom Hafen entfernt können Sie sich hier mit deutschsprachigen und internationalen Tageszeitungen und Zeitschriften versorgen.
Odós Vas. Pávlou 2

Hayati ■ c 3
Im Durchgang neben der Platane des Hippokrates finden Sie Kunsthandwerk aus Kos und ganz Griechenland, darunter auch schönen Schmuck und qualitätvoll gearbeitete Wandteller.
Platía Ipokrátous

Kem ■ b 3
Sehr schöne, edle Lederartikel, vor allem Handtaschen in allen Größen sowie modische Gürtel. Auch die Preise stimmen.
Platía Konitsis

Keosoglou ■ b 3
Sie haben einige Regentage erwischt? Zwei auf Regenschirme spezialisierte Geschäfte bieten eine ungewöhnlich große und auch preiswerte Auswahl in verschiedensten Größen und Farben.
Odós Ipsilantou

Klelia ■ b 3
Die Parfümerie/Drogerie kann mit einer guten Auswahl aufwarten.
Platía Konitsis

MERIAN-TIP

Juwelier Gatzákis Bei Ulrike und Theodor Gatzákis, einem deutsch-griechischen Ehepaar, finden Sie alles andere als die üblichen Massenartikel. Edler Goldschmuck in eher klassischem Design, wie man es nicht so häufig in Griechenland findet, bestimmt das Angebot in erster Linie. Das hat selbstverständlich auch seinen Preis. Wer seinen Urlaubsgeldbeutel nicht überstrapazieren möchte, findet vielleicht unter den erschwinglicheren Kreationen aus Silber ein passendes Stück. Die sehenswerten Bilder und Skulpturen im Geschäft hat übrigens Herr Gatzákis selbst entworfen und hergestellt.
Pasanikoláki 1 und 6 ■ b 3

Markthalle ▪ b 3

Neben einem bunten Angebot an frischem Obst und Gemüse stehen touristische Artikel im Vordergrund: eingelegtes Obst und Gemüse, Schwämme und Getränke, Dutzende duftender Kräuter für die Bereicherung der heimischen Küche. In der Mitte plätschert ein kleiner Brunnen. Der Bau selbst stammt aus den dreißiger Jahren und wurde von den Italienern errichtet.
Platía Eleftherías
Mo–Fr 7–21, Sa 7–17, So 10–14 Uhr

Thalassinós ▪ b 3

Die größte Buchhandlung der Stadt ähnelt eher einem großen Schreibwarenladen, die Auswahl an fremdsprachigen Büchern ist bescheiden – aber konkurrenzlos.
Odós Tsaldári/Odós 31. Martíou

Venus ▪ b 3

Mitten im Altstadtgetümmel gelegen, bestimmt natürlich auch hier Massenware das Angebot. Doch daneben gibt es bei »Venus« handgearbeiteten Silberschmuck in geschmackvollem Design.
Iféstou 17

Am Abend

Unmittelbar an der antiken Agorá treffen sich bis früh in den Morgen die Nachtschwärmer – vorwiegend junges Publikum – in den zahlreichen Bars der Straßen Navklírou, Diákou und P. Pléssa. Große Unterschiede zwischen den Lokalen gibt es nicht.

Blues Brothers ▪ b 2

Lautstarke Musik zum Abtanzen bis in den Morgen.
Dolphins Square

Disko Heaven/Disko Kalua

nördlich ▪ b 1
Vor allem junge und sehr junge Leute treffen sich in den beiden großen benachbarten Freiluft-Diskos am Ende des westlichen Stadtstrandes. Während der Hauptreisezeit ist hier der Bär los.
Odós Zouroúdi 5 und 7
Tgl. 18–3 Uhr

Traditionell tanzt man in der Gruppe, Paartanz ist nicht üblich. Diskos gibt es freilich weit mehr als Bouzoúki-Lokale.

EINKAUFEN – SERVICE

Jazz Opera ▣ c 4
Auch für etwas älteres Publikum geeignet. Hier erklingen Jazz-, Rock- und Bluesklänge, Soul- und Reggaemusik.
Odós Arseníou 5
Tgl. ab 18 Uhr

Orpheus südöstlich ▣ c 4
Den Duft von Blumen in der Nase und den funkelnden Sternenhimmel vor Augen, stellt ein Besuch des Open-air-Kinos ein Urlaubserlebnis der besonderen Art dar. Meistens werden englische Filme in Originalfassung mit Untertiteln gezeigt.
Odós Vassiléos Georgíou 10 (am östlichen Stadtrand)

Service

Auskunft

Städtisches Fremdenverkehrsbüro
▣ c 3
Informationen über Unterkünfte, Ausflüge und Fahrpläne, kostenlose Stadtpläne.
Odós Vassiléos Georgíou 1
Tel. 02 42/2 87 24 und 2 44 60
Tgl. 7.30–21 Uhr

E.O.T. ▣ c 3
Nationale griechische Touristenorganisation; für Auskünfte, die über Kos hinausgehen.
Aktí Miaoúli
Tel. 02 42/2 92 00, Fax 2 92 01

Touristenpolizei ▣ c 3
Aktí Miaoúli 2
Tel. 2 66 66 und 2 82 77

Banken

Agricultural Bank ▣ c 4
Odós Koraí 1

Commercial Bank ▣ b 4
Odós Vas. Pávlou 9

Credit Bank ▣ b 3
Aktí Koundourióti 5

Ionian and Popular Bank ▣ b 4
Výronos/Venizélou

National Bank of Greece ▣ b 3
R. Feréou und A. Ioannidi

Busse
Die Endhaltestelle und das Hauptbüro der städtischen Busgesellschaft (DEAS) liegt direkt am Hafen. Im **Kos City Bus-Büro** erhalten Sie kostenlose Fahrpläne der vier städtischen Buslinien. Fahrkarten sind grundsätzlich beim Fahrer bzw. Schaffner zu lösen. Eine Buslinie verbindet die südöstlichen Strandgebiete bis **Ágios Fokás** mit dem Zentrum, tagsüber verkehren die Busse sogar bis zu den **Embrós-Thermen**. Eine zweite Buslinie verbindet das Zentrum mit dem **Lámbi-Strand** im Nordwesten. Eine dritte Linie fährt nach **Platání**, bis in den Nachmittag hinein wird die Fahrt bis zum **Asklepieion** fortgeführt. Eine vierte Linie verbindet die südlichen Vororte mit der Innenstadt.

Die Haltestelle der **Überlandbusse** (KTEL) liegt nur wenige Minuten vom Hafen entfernt in der Odós Kleopátras 7. Auch hier können Sie kostenlose Fahrpläne erhalten, Fahrkarten gibt es wie immer beim Fahrer bzw. Schaffner. Acht Buslinien verbinden alle Dörfer mit Kos-Stadt. Vor allem während der Hauptreisezeit müssen Sie häufig mit Stehplätzen vorliebnehmen.

Medizinische Versorgung ▣ c 4
Krankenhaus
Odós Ipokrátous
Tel. 2 23 00

Post ▣ b 4
Odós Venizélou 14
Mo–Fr 7.30–14 Uhr

KOS-STADT

Schiffsverbindungen

Das Programm der zahlreichen **Ausflugsboote** am Hafen unterscheidet sich kaum. Auf Tagestouren werden die umliegenden Inseln (Níssyros, Kálymnos, Psérimos, Pláti, Rhodos, Léros, Pátmos) und Bodrum auf dem türkischen Festland angesteuert. Fahrkarten erhalten Sie direkt bei den Booten oder in einem der zahlreichen Reisebüros in der Nähe des Hafens. In der Hauptsaison ist es aufgrund des Andrangs ratsam, schon am Abend vorher zu buchen.

Gemächlicher und billiger können Sie mit den großen Personen- und **Autofähren** die griechische Inselwelt und natürlich das griechische Festland ansteuern. Informationen erhält man bei den Generalagenturen der beiden großen Linien:

DANE Sea Line ■ b 3
Reisebüro Koulias
Odós R. Feréou 11
Tel. 02 42/2 73 11

G & A Ferries ■ b 3
Aktí Koundourióti 5
Tel. 02 42/2 85 45

Die Fähren legen im Tiefwasserhafen am Hafenkastell an. Schnelle Verbindungen zu den Nachbarinseln gewähren die **Tragflächenboote** (Hydrofoils); sie legen an der Mole vor dem Fremdenverkehrsamt an.

Taxis
Im Zentrum der Stadt werden Sie überall leicht Taxis finden, vor allem in Hafennähe.
Tel. 2 27 77 und 2 33 33

Telefon

OTE ■ b 4
Odós L. Víronos 6
Tel. 2 24 99

Ziele in der Umgebung

Ágios Fokás ■ E 2

Der Strandabschnitt 10 km südöstlich von Kos-Stadt ist aufgrund seiner Entfernung zum Zentrum weniger überlaufen und erlaubt einen Blick auf die nicht weit entfernte türkische Küste. Zwei Tavernen in der Nähe des Meeres laden zum Essen nach dem Bad am Kieselstrand ein.

Hotel

Dímitra Beach
Abseits des Trubels von Kos-Stadt erstreckt sich die Anlage oberhalb eines schönen Strandes. Die heißen Embrós-Thermen liegen nur 4 km entfernt. Zur Anlage gehören zwei Swimmingpools und ein Tennisplatz.
Tel. 02 42/2 85 81, Fax 2 84 95
130 Zimmer
Luxusklasse (AE, DC, EC, Visa)

Asklepieion ■ D 2

Nur 4 km außerhalb von Kos-Stadt stößt man auf die bedeutendste Sehenswürdigkeit der Insel, das Asklepieion. Terrassenförmig an den Ausläufern des Díkeos-Gebirges angelegt, vermag die Anlage nicht nur historisch und kulturell Interessierte zu faszinieren. Schon allein die fast magische Atmosphäre der von einem Kiefernwald umgebenen Steinlandschaft und ein ohne Übertreibung herrlicher Ausblick auf Küstenebene, vorgelagerte Inseln und das türkische Festland lohnen den Besuch.

Von den über 300 Asklepios-Heiligtümern in Griechenland zählt das koische zu den bedeutendsten. Wie im Namen zum Ausdruck gebracht, wurde hier der Gott der Heilkunst,

KOS-STADT – ASKLEPIEION

Asklepios, von den Römern später Äskulap genannt, verehrt. Er löste in Griechenland den vorangehenden Apollonkult ab.

Doch kultische Handlungen wie das Schlachten von Opfertieren, um die Götter gnädig zu stimmen, waren nur ein Teil der Behandlung hier. Mehr und mehr traten in der Antike neben die Akzeptanz eines göttlichen Ursprungs von Krankheiten die empirische Beobachtung und eine daraus resultierende handfeste Heilkunst.

Untrennbar mit dieser Entwicklung verbunden ist der auf Kos geborene Arzt Hippokrates, dessen medizinische Heilkünste, wie zum Beispiel die »Säftelehre«, in Teilbereichen bis ins Mittelalter hinein Bestand hatten. In modernen Worten ausgedrückt, war das Asklepieion

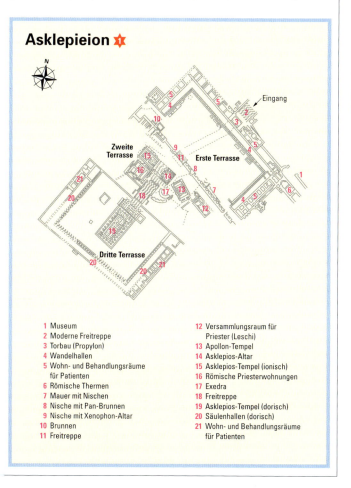

Asklepieion

1 Museum
2 Moderne Freitreppe
3 Torbau (Propylon)
4 Wandelhallen
5 Wohn- und Behandlungsräume für Patienten
6 Römische Thermen
7 Mauer mit Nischen
8 Nische mit Pan-Brunnen
9 Nische mit Xenophon-Altar
10 Brunnen
11 Freitreppe
12 Versammlungsraum für Priester (Leschi)
13 Apollon-Tempel
14 Asklepios-Altar
15 Asklepios-Tempel (ionisch)
16 Römische Priesterwohnungen
17 Exedra
18 Freitreppe
19 Asklepios-Tempel (dorisch)
20 Säulenhallen (dorisch)
21 Wohn- und Behandlungsräume für Patienten

Kos-Stadt

so etwas wie eine Kurklinik, in die Kranke von weit her anreisten, um von den hier wirkenden Ärzten Heilung oder zumindest Linderung ihrer Leiden zu erlangen.

Die ältesten heute erhaltenen Reste des Asklepieions stammen aus dem 4. Jh. v. Chr., vermutlich an der Stelle eines älteren Apolloheiligtums errichtet. In den folgenden Jahrhunderten wurden zahlreiche Veränderungen und Erweiterungen vorgenommen, so daß die heute sichtbaren Ruinen zum Teil aus hellenistischer, zum Teil aus römischer Zeit stammen. Ein schweres Erdbeben im Jahre 554 vernichtete die Anlage, in der Folgezeit wurde das Asklepieion immer wieder als Steinbruch genutzt – seine Steine finden sich im Hafenkastell von Kos-Stadt ebenso wieder wie in Wohnhäusern und Moscheen. Erst Anfang des 20. Jh. wurde das Asklepieion von dem deutschen Archäologen Rudolf Herzog wiederentdeckt, nachdem es für lange Zeit in Vergessenheit geraten war. Italienische Archäologen setzten seine Arbeit in den dreißiger Jahren fort und restaurierten Teile der Anlage.

Bereits am Eingang hat man das gesamte Areal mit seinen drei Terrassen vor Augen. Die Terrassen sind durch repräsentative Treppen, die von den italienischen Archäologen rekonstruiert wurden, miteinander verbunden. Schon von hier unten wird deutlich, wie sehr die Anlage einerseits auf Fernwirkung bedacht war, wie gelungen sie andererseits in das vorgegebene Terrain eingepaßt wurde.

Eine moderne Steintreppe führt hinauf zur ersten Terrasse, deren Ausmaße 100 x 80 m betragen. Der große Torbau aus dem 3. Jh. v. Chr., das sogenannte Propylon, blieb nur in Fundamentresten erhalten, verdeutlicht jedoch gut die Dimensionen des Baus. Auf drei Seiten war diese Terrasse einst von einer durch

Von der dritten Terrasse aus genießt man einen eindrucksvollen Blick auf die Reste des Asklepios-Tempels, der einst von 104 Säulen umgeben war. Ihre Podeste sind teilweise noch gut zu erkennen.

ASKLEPIEION

Säulen begrenzten Wandelhalle umgeben, nur noch Fundamentreste zeugen heute von dieser monumentalen Architektur. Die dahinter liegenden Zimmer dienten vermutlich Patienten als Wohn- und Behandlungsräume.

Linker Hand der Treppe in südöstlicher Richtung begrenzen »moderne« Gebäudereste die Terrasse, Reste einer **römischen Badeanlage** aus dem 3. Jh. n. Chr. In einem modernen Gebäude oberhalb davon sind Inschriften und Grabplatten ausgestellt, die in der Umgebung gefunden wurden. Mehrere Nischen sind in die Stützmauer der zweiten Terrasse eingelassen, einst wohl Platz für Götterstatuen, von denen heute noch zwei kopflose Exemplare an der Wand lehnen. Gleich links der Treppe füllt eine malerische **Brunnenanlage**, verziert mit einer kleinen Figur des Gottes Pan, eine Nische aus. Bereits in hellenistischer Zeit diente das mineralstoffhaltige Wasser aus den Bergen der Behandlung von Krankheiten – durch Trink- und Badekuren. Rechts von der Treppe blieben in der Nische Reste eines **Altars** erhalten, dessen Inschriften auf seinen Spender hinweisen, den berühmten koischen Arzt Xenophon, seines Zeichens Leibarzt des römischen Kaisers Claudius.

Breite Stufen führen zur **zweiten Terrasse**, einst religiöses Zentrum der Anlage. Zwei wiederaufgestellte Säulen markieren rechter Hand den **Asklepios-Tempel** aus dem 3. Jh. v. Chr. Noch heute kann man anhand der Grundmauern seine Zweiteilung in Vorraum (Pronaos) und Hauptraum (Cella) erkennen; hier befand sich auch die von einer Granitplatte bedeckte Schatzkammer des Heiligtums. An den Tempel schließen sich **Priesterwohnungen** aus römischer Zeit an. Am **Asklepios-Altar**, heute von Seilen begrenzt, wurden Tieropfer dargebracht.

Unter den Bögen der Mauer, die die erste Terrasse nach Süden hin begrenzt und die nächste Plattform stützt, waren einst Götterstatuen aufgestellt. Zwei der heute kopflosen Skulpturen lehnen neben einer Arkadennische an der Wand.

Sieben wiedererrichtete Säulen markieren die Reste eines **Apollon-Tempels** aus dem 2./3. Jh. Ein **Versammlungsraum** für Priester schließt sich in östlicher Richtung an. Südwestlich des Apollon-Tempels liegt eine halbkreisförmige **Exedra**, eine Wandnische mit Sitzbank, in der früher Statuen aufgestellt waren.

Die mit 60 Stufen längste Treppe führt auf die dritte Terrasse (80 x 60 m), von der aus man den besten Blick auf Küste, Inseln und das türkische Festland genießen kann. Auch sie war einmal auf drei Seiten von einer Säulenhalle mit dahinterliegenden Zimmern begrenzt, die vermutlich als Behandlungsräume dienten. Zentrum dieser Ebene bildet der mächtige **Asklepios-Tempel** aus dem 2. Jh. v. Chr., der eine Grundfläche von 33 x 18 m bedeckt. Im Mittelalter wurde innerhalb dieses Tempels eine Kirche errichtet, wovon nur noch ein kleiner Altar zeugt, in den die vier Buchstaben IC XC eingemeißelt sind, das Kürzel für Jesus Christus.

Ein Pfad führt von der dritten Terrasse aus in den einst »heiligen Wald«, dessen Zypressenbäume auf keinen Fall abgeholzt werden durften. Übrigens: im Asklepieion wurde – ähnlich wie bei unserem modernen Kirchenasyl – bereits damals politisch Verfolgten Unterschlupf gewährt.

Alljährlich im August wird im Asklepieion im Rahmen des Festivals »Hippokratia« die Deklamation des hippokratischen Eids wirkungsvoll in Szene gesetzt.
Di–So 8.30–15 Uhr; von 8–14 Uhr verkehren stündlich Busse zwischen Kos-Stadt und dem Asklepieion. Die Ausgrabungsstätte ist aber auch bequem mit dem Fahrrad und selbst zu Fuß gut erreichbar.
Eintritt 800 Drs.

Embrós-Thermen ■ E 2

Die einzige erschlossene Thermalquelle der Insel, ca. 13 km von Kos-Stadt entfernt, ist auf jeden Fall einen Ausflug wert, auch wenn sie nur ein äußerst schlichtes Provisorium darstellt. Sie erreichen sie bequem mit dem Bus, Sportliche können auch mit einem Mountainbike hierherfahren – die Steigungen sollten allerdings nicht unterschätzt werden. Oberhalb der Quelle befindet sich ein Parkplatz, ein an einigen Stellen ziemlich abschüssiger Pfad führt in zehn Minuten hinunter.

An einem kleinen Kiesstrand unterhalb einer steilen Felswand sprudelt knapp 50° Celsius heißes Wasser aus dem Felsen, das ins Meer geleitet wird und sich dort in einem von Steinen abgetrennten »Becken« von knapp 10 m Durchmesser mit Meerwasser vermischt. Vor allem in der Hauptsaison ist in diesem Planschbecken kaum ein Plätzchen zu bekommen, es sei denn, Sie kommen früh am Morgen oder spät am Abend. Auf 30 bis 40° Celsius wird das Meerwasser aufgeheizt, je nachdem wie nahe man sich an der Quelle legt. Laut einer Wasseranalyse der Technischen Universität München eignet sich das Wasser der Therme für die Behandlung von Augen-, Haut-, Atemwegs-, Gefäß- und Muskelerkrankungen sowie bei Entwicklungsstörungen im Kindesalter – was auch immer damit gemeint sein mag. Das intensiv nach Schwefel riechende Wasser wird vor allem von Griechen ausgiebig zur Kurbehandlung genutzt, mit Hilfe der EU soll eines Tages in der Nähe ein modernes Kurbad entstehen. **Embrós Thermai** bedeutet übrigens »vordere Thermalquellen« – die »hinteren« (**Píso Thermai**) sind jedoch nur mit dem Boot zu

ASKLEPIEION – LÁMBI

erreichen und bieten keinen Badebetrieb.

In der wenige Meter entfernten Taverne, die in den zwanziger Jahren als Badehaus genutzt wurde, können Sie frisch gefangenen Fisch genießen. An einem kleinen Strandabschnitt neben der Therme werden in der Hauptsaison einige Liegestühle und Sonnenschirme vermietet, eine weitere Kies-Badebucht befindet sich in unmittelbarer Nähe in westlicher Richtung.

Tagsüber fahren Stadtbusse bis zum Parkplatz oberhalb der Thermen. Eigene Fahrzeuge möglichst oben auf diesem Parkplatz stehen lassen, da unten nur für einige wenige Fahrzeuge Platz vorhanden ist.
13 km von Kos-Stadt

Lámbi ■ E 1

Der Hauptbadestrand nordwestlich der Stadt, der im Sommer stark frequentiert wird, umfaßt viele Kilometer Sandstrand. Je weiter nördlich man Richtung Kap Skandári kommt, desto weniger Andrang herrscht. Eine Besonderheit für Griechenland: ein Fahrradweg entlang der Küste!

Hotels

Aeolos Beach
Etwas abseits gelegen in ländlicher Gegend, doch die Haltestelle des Linienbusses nach Kos-Stadt liegt fast vor der Haustür. Direkt an einem Sand-/Kiesstrand; Süßwasserswimmingpool.
5 km außerhalb von Kos-Stadt
Tel. 02 42/2 67 81, Fax 2 67 89
124 Zimmer
Mittlere Preisklasse (EC, Visa)

Apollon
Die Anlage liegt nur 300 m von einem Sandstrand entfernt, doch ist auch ein schöner Süßwasserswimmingpool vorhanden. Zahlreiche Wassersportmöglichkeiten.
2 km außerhalb von Kos-Stadt (Linienbus)
Tel. 02 42/2 73 31
140 Zimmer
Mittlere Preisklasse (EC, Visa)

Das »typisch griechische« Postkartenmotiv findet man allerorten – dieses Tischchen steht in Kos-Stadt.

Atlantis I

Ein Sand-/Kiesstrand liegt direkt vor der Haustür, in der Gartenanlage erwarten Sie darüber hinaus ein Süßwasserswimmingpool und ein Kinderbecken. Zahlreiche Wassersportmöglichkeiten, auch ein Tennis-Hartplatz sind vorhanden.
2 km außerhalb von Kos-Stadt (Linienbus)
Tel. 02 42/2 87 31, Fax 2 38 44
200 Zimmer
Mittlere Preisklasse (EC, Visa)

Platáni
■ D 1/E 1

800 Einwohner

Der kleine Ort westlich von Kos ist fast mit der Stadt zusammengewachsen. Die schattenspendenden Platanen an der Platía mit ihren zahlreichen Tavernen gaben dem Dorf einst seinen Namen. Wie die Namen vieler Lokale (Arap, Serif, Alis) deutlich machen, wohnen hier noch türkischstämmige Bewohner. Sie sind moslemischen Glaubens, neben einer orthodoxen Kirche ist deshalb auch eine schlichte Dorfmoschee vorhanden, in der freitags ein Gottesdienst abgehalten wird.

An der Dorfeinfahrt links lohnt der moslemische Friedhof mit Hunderten von verzierten Grabstelen einen Besuch. Vor allem die älteren, zum Teil vom Zahn der Zeit deutlich gekennzeichneten Grabsteine mit ihren arabischen Inschriften wirken wie kleine Kunstwerke. Wenige Meter davor ein alter jüdischer Friedhof, durch den Davidsstern am Tor erkennbar, der an eine andere koische Minderheit erinnert. Die jüdische Bevölkerung der Insel wurde 1944 von den Deutschen verschleppt und ermordet. Der jüdische Friedhof ist verschlossen und nur von außen einsehbar.

Essen und Trinken

Mehrere Tavernen und Cafés, die zum müßigen Verweilen und Beobachten einladen, verteilen sich rund um den geschäftigen Dorfplatz.

Service

Busse
Zwischen 8 und 23 Uhr stündliche Busverbindung mit Kos-Stadt.

MERIAN-TIP

Restaurant Arap Eine der drei Tavernen am Dorfplatz von Platáni, in denen der Einfluß türkischer Eßkultur zu spüren ist. Zu empfehlen ist auf jeden Fall die Vorspeisenplatte, eine gelungene Zusammenstellung aus unterschiedlich gewürzten kalten und warmen Happen, serviert mit heißem Fladenbrot. Warten Sie erst einmal mit der Bestellung eines Hauptgerichts – für so manchen sind die Portionen des ersten Gangs schon völlig ausreichend. Tgl. ab 10 Uhr, Untere Preisklasse ■ D 1/E 1

Psalídi ■ E1

Der Name steht für den Inselosten, genauer gesagt von Kos-Stadt bis zum Kap Psalídi, eine Region, in der sich Hotel an Hotel reiht. Beschauliche Ruhe sollte man hier also nicht erwarten. Im Sommer sind die meist schmalen Kiesstrände recht voll. Eine gute Busverbindung mit Kos-Stadt ist gewährleistet, selbst ein Radweg – für Griechenland etwas ganz Besonderes – wurde angelegt.

Hotels

Oceanis Beach
Direkt an einem Sand-/Kiesstrand gelegen, wird der Badespaß ergänzt durch je einen Meerwasser- und Süßwasserswimmingpool. Zahlreiche Wassersportmöglichkeiten, Tennisbegeisterte finden aber auch zwei Hartplätze. Die Zimmer sind auf mehrere Gebäude verteilt.
7 km außerhalb von Kos-Stadt (Linienbusverbindung)
Tel. 02 42/2 46 41, Fax 2 37 28
350 Zimmer
Mittlere Preisklasse

Ramira Beach
Ein gepflegter Kiesstrand liegt direkt vor der Haustür. Badegäste können aber auch auf den hoteleigenen Meerwasserswimmingpool zurückgreifen. Die Zimmer sind auch hier auf mehrere Gebäude verteilt.
5 km außerhalb von Kos-Stadt (Linienbus)
Tel. 02 42/2 28 91, Fax 2 84 89
270 Zimmer
Mittlere Preisklasse

Essen und Trinken

Mavromatis
Etwas mehr als 2 km vom Stadtzentrum entfernt, können Sie hier direkt am Wasser die Abendstimmung genießen. Zu empfehlen sind vor allem die Fischgerichte.
Odós Georgíou Papandréou
Tel. 2 24 33
Mittlere Preisklasse

Der muslimische Friedhof in Platáni erinnert mit seinen turbangekrönten Grabstelen an die Herrschaft der Osmanen.

Die Nordküste

Sehenswerte Orte und Ausflugsziele

Für Badeurlauber ideal: Über 20 Kilometer zieht sich ein durchgehender Sandstrand an der Nordküste entlang. Kinder können an vielen Abschnitten gefahrlos planschen.

Traditionelles griechisches Dorfleben, bei dem Esel durch die Gassen ziehen – das sollte man in diesem Teil der Insel allerdings auf keinen Fall erwarten. Die drei Stranddörfer im Norden der Insel, **Tigáki**, **Marmári** und **Mastichári**, sind fast ausschließlich moderne Kunstgebilde, deren Dorfbild der Nachfrage durch den Tourismus entspricht. Pensionen, Hotels und Ferienanlagen, Tavernen, Geschäfte und Cafés prägen das Bild. Lieblingsziel vieler deutscher Pauschalurlauber ist der Ort Marmári. Das Angebot reicht hier von der kleinen, familiären Pension mit Familienanschluß bis hin zum modernen »All-inclusive«-Club mit aufwendigem Animationsangebot fast rund um die Uhr. Nur in der Gegend von Mastichári weisen einige wenige antike Reste aus dem 5. Jahrhundert darauf hin, daß diese Region schon vor 1500 Jahren von Menschen besiedelt war.

Noch haben die Orte eine gewisse Übersichtlichkeit und Beschaulichkeit bewahrt, doch von Jahr zu Jahr werden neue Hotelbauten errichtet, dehnen sich die touristischen Anlagen immer weiter am Strand entlang und ins Hinterland aus. Im Winter sind die Dörfer dann fast ausgestorben, kaum jemand lebt das ganze Jahr hier. Das flache Hinterland dient landwirtschaftlichen Zwecken, doch kann dieser Erwerbszweig längst nicht mehr mit den Möglichkeiten des modernen Tourismus konkurrieren.

Die Nordküste ist ein Eldorado für Wassersportler, so manch einer unternimmt hier seine ersten vorsichtigen Versuche auf einem Surfbrett. Andere genießen einfach nur die meist flachabfallenden Strände, ideal zum Baden und Relaxen. Einige der größeren Hotels verfügen über Tennisplätze, und in Marmári sind sogar wildromantische Strandausflüge auf dem Rücken eines Pferdes möglich. Doch auch für Fahrradfahrer ist die Gegend ideal, denn kaum eine Steigung bremst in der flachen Küstenlandschaft das Vorwärtskommen. Zahlreiche Verleihstationen für Fahrräder ermöglichen es Ihnen, auch etwas entferntere Strandabschnitte aufzusuchen, die in der Regel weniger überlaufen sind. Da kann einem dann höchstens noch die Hitze einen Strich durch die Rechnung machen ...

Am Strand bei der Kirche Ágios Ioánnis werden beim Kirchweihfest Verkaufsstände aufgebaut.

Marmári

■ C 1/C 2

180 Einwohner

Erst in den achtziger Jahren ist dieser Ferienort aus dem Boden gestampft worden; der sehr schöne Sandstrand quasi direkt vor der Haustür war die ausschlaggebende Ursache für den Bauboom. Traditionelle dörfliche Atmosphäre sollte man hier also nicht erwarten, dafür locken endlos lange Sandstrände – zum Teil mit Dünen und von einigen Tamarisken bestanden –, Badespaß und zahlreiche Wassersportmöglichkeiten. Wer gern zu Fuß unterwegs ist, kann kilometerweite Strandspaziergänge unternehmen. Vor allem bei deutschen Besuchern ist dieser Ferienort beliebt, man merkt es auch an den Speisekarten. Der flachabfallende Sandstrand ist besonders für Kinder gut geeignet, die an vielen Stellen gefahrlos planschen können. Duschen gibt es direkt am Strand. Vielleicht versuchen Sie es hier ja mal mit Surfen oder Segeln (Surf- und Segelschule am Ort), und bei der Horse Riding School Marmári können Sie sogar einen Reitausflug unternehmen.

Hotels

Faethon Beach
Die vor wenigen Jahren errichtete Ferienanlage liegt etwa 1,5 km außerhalb von Marmári. Man ist entweder im Haupthaus oder in einem der zweistöckigen Bungalows untergebracht. Vier Tennis-Hartplätze, Wassersportstation am Strand.
Tel. 02 42/4 17 36, Fax 4 13 73
236 Zimmer
Mittlere Preisklasse (AE, EC, Visa)

Magic Life
Die Bungalowanlage bietet ein All-inclusive-Angebot, das Animationsteam sorgt tagsüber und abends für ein abwechslungsreiches Sport- und Unterhaltungsprogramm. Wer also auf eine Rundumbetreuung (für jung und alt) Wert legt, ist hier an der richtigen Adresse. Der Club ist vom Strand durch eine Uferstraße getrennt.
Etwas außerhalb von Marmári
Tel. 02 42/4 16 22, Fax 4 16 63
320 Zimmer
Obere Preisklasse (AE, EC, Visa)

MERIAN-TIP

Captains Studios Einst war der perfekt englisch sprechende Tankerkapitän auf den Weltmeeren unterwegs, jetzt steuert er zusammen mit seiner Frau »nur« noch seine familiäre Pension inmitten eines großzügigen Gartens. Herzlich und persönlich ist die Atmosphäre. Vor allem Familien mit Kindern fühlen sich hier wohl, denn der flache Sandstrand liegt direkt vor der Haustür. Auf Wunsch gibt es auch Frühstück und ein ausgezeichnetes, typisch griechisches Abendessen. In der Hauptsaison ist Vorausbuchung dringend angeraten! Westlich des Zentrums, Tel. und Fax 02 42/4 14 31, 6 Zimmer und 6 Apartments, Untere Preisklasse ■ C 2

Nobel
Das familiär geführte Haus liegt unmittelbar am Sandstrand außerhalb von Marmári. Einfache Zimmer, zum Teil mit Meerblick. Restaurant mit Außenterrasse.
Tel. 02 42/4 10 03, Fax 4 11 94
75 Zimmer
Mittlere Preisklasse

Essen und Trinken

Dimitris
Nein, direkt aufs Meer blicken können Sie bei Dimitris nicht, denn sein Restaurant liegt etwas landeinwärts an der Hauptstraße direkt am Abzweig nach Tigáki. Das ist wohl der Grund, warum nicht so viele Touristen hierher finden wie in den Hafentavernen. Dafür gibt es hier vorzügliches griechisches Essen, genau so, wie es eingefleischte Griechenlandfans gewohnt sind: Man kann zunächst in der Küche in die verschiedenen Töpfe und Pfannen gucken und sich vom Anblick und Duft inspirieren lassen. Ob Kaninchen oder Ziegenfleisch, Kichererbsenpfannkuchen oder Hähnchen – es schmeckt einfach köstlich!
Tel. 4 11 22
Mittlere Preisklasse

Service

Busverbindungen nach und von Kos-Stadt fünf- bis siebenmal täglich; Fahrzeit 35 Min.

In den örtlichen Reisebüros werden Ausflüge zu den umliegenden Inseln angeboten, eine Fahrt ins türkische Bodrum, eine Inseltour zum Kennenlernen von Kos sowie ein griechischer Abend in einer der Tavernen des Bergdorfes Zía. An der Straße nach Tigáki warten knatternde Go-Karts auf unerschrockene »Rennfahrer«.

Mastichári

150 Einwohner

Antike Reste in der Gegend von Mastichári – darunter Relikte früher Hafenanlagen und Ruinen einer Basilika, die archäologischen Schätzungen zufolge im 5. Jh. errichtet wurde – zeugen zwar von einer langen Siedlungsgeschichte in dieser Region, doch eine Neubesiedlung fand erst Ende der zwanziger Jahre unseres Jahrhunderts statt, als sich ein Teil der Einwohner Andimáchias nach einem Erdbeben hier niederließ.

So stellt der Ort heute eine Mischung aus herkömmlichen Häusern und modernen touristischen Bauten dar. Allerdings leben hier nur noch wenige Menschen von Landwirtschaft und Fischfang, der Tourismus stellt die Haupteinnahmequelle dar. Rings um Mastichári gibt es schöne Strände, die Region ist vor allem auch für Surfer interessant. Die schattenspendenden Tamarisken am Ortsstrand sind in der Hauptsaison rasch von Besuchern »belegt«, doch selbstverständlich werden auch Sonnenschirme und Liegestühle vermietet.

Der Strand liegt gleich westlich des Hafens, er ist zwar im Sommer stark besucht, doch dafür wird er gereinigt, und Bars und Tavernen in unmittelbarer Nähe sorgen für das leibliche Wohl. 3 km westlich von Mastichári, bei der Kirche **Ágios Ioánnis**, lockt ein mehrere 100 m langer Sandstrand vor einer kleinen Steilküste. Östlich von Mastichári erreicht man nach 2 km den Troúlos Beach (Schild Georges und Tam-Tam). Auch hier ein flachabfallender Meeresboden.

Mittelpunkt von Mastichári ist der Hafen mit seinen Tavernen. Von hier aus starten Touren zu den Inseln Kálymnos, Pláti und Psérimos.

Hotels

Achilleas Beach
Die weitläufige Anlage besteht aus mehreren zweistöckigen Gebäuden, ein Sand-/Kiesstrand mit kleinen Dünen liegt vor der Haustür. Großer Süßwasserswimmingpool.
2 km außerhalb von MasticHári
Tel. 02 42/5 16 69, Fax 5 16 67
240 Zimmer
Mittlere Preisklasse (EC, Visa)

Mastichári Bay
Die Anlage präsentiert sich wie ein kleines Dorf, um ein Haupthaus gruppieren sich mehrere kleinere Gebäude. Direkt am Sand-/Kiesstrand. Süßwasserswimmingpool, Kinderbecken.
Etwas außerhalb von Masticháři
Tel. 02 42/5 93 00, Fax 5 93 07
230 Zimmer
Mittlere Preisklasse (EC, Visa)

Essen und Trinken

Kalí Kardiá
Das alteingesessene Fischrestaurant direkt am Hafen wird von Einheimischen und Touristen gleichermaßen gern besucht. Von der Terrasse aus kann man gut dem Treiben am Hafen zusehen.
Tel. 5 92 89
Mittlere Preisklasse

O Mákis
Frischer, schmackhafter Fisch steht an erster Stelle in dieser **psarotaverna** (Fischtaverne). Wer den nicht mag, kann sich aus der üblichen Palette griechischer Gerichte etwas aussuchen.
An der Parallelstraße der Hafenpromenade
Tel. 5 90 61
Mittlere Preisklasse

Sea Side
Gute griechische Küche, ob Fisch oder Fleisch, dazu Wein und Bier vom Faß, erwartet Sie am Ende der Hafenpromenade. Von der Terrasse aus blickt man auf den tamariskenbestandenen Strand.
Mittlere Preisklasse

Sehenswertes

Ágios Geórgios C 2
Noch vor dem Ort Masticháři, unmittelbar an der Straße, liegt die kleine, dem heiligen Georg gewidmete Kirche. Wie so oft bei christlichen Bauten wurden bei ihrer Errichtung Materialien aus antiken Gebäuden wiederverwertet, was an den verwendeten Steinquadern und Säulenresten zu erkennen ist.
2 km von der Inselhauptstraße entfernt
Frei zugänglich

Ágios Ioánnis B 2
Die Reste dieser dreischiffigen Basilika sind bei einem Strandspaziergang ganz einfach zu finden. Das Gotteshaus muß wohl um 500 n. Chr. errichtet worden sein und verweist mit seinen für die damalige Zeit beträchtlichen Ausmaßen (ca. 20 x 15 m) auf eine prosperierende Epoche in der Geschichte der Insel. Wie der Name schon sagt, war sie dem heiligen Johannes geweiht. Erhalten blieben u. a. Säulenkapitelle im »Heiligen Bezirk« des Gotteshauses, ein kreuzförmiges, in die Erde eingelassenes Taufbecken und zahlreiche Mosaike, die jedoch zum Schutz mit Steinen bedeckt wurden. Sie zeigen geometrische Muster, aber auch Tiere und Blumen. Unmittelbar am Strand auf einer kleinen Anhöhe gelegen, ca. 3 km westlich von Masticháři

MASTICHÁRI – TIGÁKI

Service

Verkehrsverbindungen
Dreimal täglich gibt es eine Busverbindung mit Kos-Stadt, sonntags zweimal; Fahrzeit 45 Minuten.

Taxis stehen am Hafen, jedoch muß man bisweilen mit Wartezeiten rechnen.

Vom Hafen aus starten Personen- und Autofähren nach Kálymnos, in der Hauptsaison bis zu fünfmal täglich. Die Überfahrt nach Póthia, der Hauptstadt von Kálymnos, dauert rund 45 Minuten. Tickets erhalten Sie in einem Häuschen am Hafen oder im Reisebüro.

Das Reisebüro **Mastichári Travel** vermittelt Tickets für Fähren und für verschiedene Ausflüge:
Tel. 5 12 92, Fax 5 11 48

Tigáki D 1

Tigáki ist eine reine Feriensiedlung, deren Bebauung in den achtziger Jahren einsetzte. Die meisten Hotels haben sich entlang einer Stichstraße zum Meer angesiedelt, die an einem schönen Sandstrand mit einigen Tamarisken endet; in der Hauptsaison ist er mit dichten Reihen von Sonnenschirmen und Liegestühlen bedeckt. Von Jahr zu Jahr dehnt sich der Ort etwas weiter aus. Surfer können vor Ort Bretter leihen, Anfänger eine Surfschule besuchen.

Je weiter man sich vom Ortsstrand entfernt, desto ruhiger werden die Strandabschnitte, allerdings ist der Sand hier auch nicht mehr so sauber. Sehr flach fällt der Meeresboden direkt vor dem Salzsee ab, für Kinder also ausgezeichnet geeignet.

Aufgrund fehlender Steigungen ist die Gegend auch ideal zum Radfahren – so können beispielsweise entferntere Strandabschnitte bequem erreicht werden.

Hotel

Tigáki Beach
Ein schöner Sandstrand liegt nur 150 m entfernt, in der gepflegten und hübsch bepflanzten Gartenanlage gibt es darüber hinaus einen großen Süßwasserswimmingpool. Tennisplatz, Tischtennis.
400 m östlich des Kreisverkehrs
Tel. 02 42/6 94 46, Fax 6 93 09
170 Zimmer
Mittlere Preisklasse (EC, Visa)

Essen und Trinken

Vassílis
Das älteste Restaurant im Ort, ein Familienbetrieb mit traditioneller griechischer Küche.
Etwas abseits der Hauptstraße, nahe dem Ortszentrum
Tel. 2 92 51
Mittlere Preisklasse

Sehenswertes

Salzsee (Alikes) C 1/D 1
Nicht weit außerhalb von Tigáki in östlicher Richtung erstreckt sich ein Salzsee, an dem früher Salz gewonnen wurde. Mittlerweile wurden die Arbeiten eingestellt, Schienen und Gebäudereste rotten vor sich hin. See und Uferzone wurden zum Naturschutzgebiet erklärt, da sie einen Lebensraum für viele Vögel bilden. Während der Wintermonate sind sogar Flamingos anzutreffen.
Das Gelände ist frei zugänglich

Service

Busse
Stündlich verkehren Busse mit Kos-Stadt, sonntags viermal täglich.

Taxi
Tel. 2 27 77

Die Inselmitte

Sehenswerte Orte und Ausflugsziele

Gegensätzliche Eindrücke: auf der einen Seite nur am Rande vom Tourismus berührte Bergdörfer, auf der anderen ein lebhaftes Urlaubszentrum wie Kardámena.

Das **Díkeos-Gebirge** im Südosten von Kos erleben die meisten Touristen höchstens aus der Ferne, ist es doch nur am Rande und in Teilen von Straßen erschlossen, so daß lediglich ausdauernde Wanderer diese Mischung aus kahlen Hängen und bewaldeten Höhenzügen erforschen können. Am nördlichen Gebirgsrand kleben mehrere Siedlungen, die zu lohnenden Tagesausflügen einladen, denn Übernachtungsmöglichkeiten werden Sie in diesem Gebiet nur in Ausnahmefällen finden. Von hier aus kann man kurze Wanderungen in die Berge unternehmen oder einfach nur den Blick weit über die Küstenlinie und vorgelagerte Inseln bis hinüber auf das nahe türkische Festland schweifen lassen.

Steinerne Zeugen der Vergangenheit

Seit kurzem verbinden moderne Straßen diese Dörfer, so daß mehr und mehr Durchgangstouristen mit Mopeds und Mietwagen die dörfliche Ruhe durchbrechen. Geschäfte für Touristen und Tavernen haben sich mittlerweile darauf eingestellt. Nicht versäumen sollte man einen Besuch des hoch oben gelegenen Dorfes **Zía** sowie der verlassenen Siedlung **Paléo Pilí** mit ihrer Festungsruine, die beide einen herrlichen Rundblick erlauben.

Das **Kastell** von **Andimáchia** unweit des gleichnamigen Ortes bietet einen ebenso guten Ausblick, diesmal über den Süden von Kos und die anschließende Inselwelt. Im Dorf Andimáchia selbst ist die einzige noch arbeitende Windmühle der Insel einen Besuch wert – sie ist über 250 Jahre alt und kann sogar innen besichtigt werden. Zu seinen Füßen erstreckt sich **Kardámena**, ein Ort, der sich samt zahlreicher außerhalb gelegener Hotelanlagen ganz dem Tourismus verschrieben hat. Lange Sandstrände erlauben hier feinstes Badevergnügen. Sehenswürdigkeiten hingegen gibt es nicht – sieht man einmal von dem schönen Blick ab, den man vom meist überfüllten Ortsstrand aus hinüber zur Nachbarinsel Níssyros genießt.

Eine blühende Agave überragt den spärlichen Macchia-Bewuchs im Zentrum der Insel. Die Kargheit der Berge prägt auch die Menschen, die viel Geduld brauchen, um dem Boden noch landwirtschaftliche Erträge abzuringen.

Andimáchia

■ C 2

1500 Einwohner

Die meisten Bewohner des sich auf einem 150 m hohen Plateau erstreckenden Inseldorfes leben noch von der Landwirtschaft, auf den bäuerlich genutzten Flächen ringsum gedeihen Gemüse und Getreide, Wein und Oliven. Traditionelle **kafenía** und Lädchen dominieren das Dorfbild. Hotels und Restaurants werden Sie hier vergeblich suchen, lediglich einige Privatzimmer werden auf Nachfrage angeboten. Der Flughafen der Insel grenzt unmittelbar an das Dorf, so daß eine touristische Entwicklung auch in Zukunft schwer vorstellbar ist. Hauptattraktion von Andimáchia ist die einzige noch erhaltene und arbeitende **Mühle** der Insel, mit ihrem alten Segeltuch ein beliebtes malerisches Fotomotiv. Gern zeigen der Müller und seine Frau Einblick in ihre Arbeit; bei ausreichendem Wind zermahlen mächtige Mühlsteine noch heute das Korn. Sie können bis nach oben ins knarrende Gebälk klettern und den Vorgang beobachten (Spende für den Besuch erbeten).

Das Dach der Windmühle läßt sich übrigens drehen, so daß bei unterschiedlichen Windrichtungen gearbeitet werden kann. Und auch auf unterschiedliche Windstärken weiß der Müller zu reagieren: Je nach Kraft der Brise wird das Segeltuch der Flügel vergrößert bzw. zusammengefaltet.

Gleich gegenüber beherbergt das Traditional House of Andimáchia ein **Volkskundemuseum**. Das 1990 neu errichtete Gebäude ist der Nachbau eines traditionellen Bauernhauses mit vier Zimmern und verschafft Einblick in die Wohnkultur koischer Familien bis zum Zweiten Weltkrieg (tgl. ca. 8–16 Uhr, Spende erbeten). Ein kleines Café-Restaurant neben der Windmühle bietet Erfrischungen an.

Am Abend des 29. Juni findet ein Kirchweihfest mit Musik und Tanz statt.

Reizvolle Landschaften und wohltuende Stille gibt es rund um Andimáchia zu entdecken – ein Spaziergang ist vor allem im Frühling ein Genuß für die Sinne.

ANDIMÁCHIA

Hotel

Robinson Club Daidalos ■ C 3
Das Anfang der neunziger Jahre errichtete Club-Dorf erstreckt sich auf einer Klippe des Kaps Chelónas. Den Gästen stehen mehrere Tavernen, zwei Swimmingpools, Disko und Fitneßcenter zur Verfügung. Das Sportangebot ist reichhaltig: Vom Tennisplatz über Gymnastik bis hin zu Surf- und Segelmöglichkeiten (Katamaran; auch Kurse) ist vielfältige Abwechslung geboten. Die Qualität des Essens ist phantastisch; die Animation, für Kinder wie für Erwachsene, läßt keine Wünsche offen. Allerdings sind die Gäste hier unter sich, Andimáchia liegt ca. 9 km entfernt.
Tel. 02 42/9 15 27-33, Fax 9 16 12
260 Zimmer
Luxusklasse (AE, DC, EC, Visa)

Im traditionellen Baustil von Andimáchia errichtet: Das hübsch anzusehende Volkskundemuseum zeigt typische Wohnräume und Gebrauchsgegenstände der Dorfbewohner.

Sehenswertes

Kastell ■ C 3
Die imposante Verteidigungsanlage mit ihren mächtigen Mauern östlich des Dorfes verweist auf die ereignisreiche Geschichte der Region. Vermutlich bereits im 13. Jh. von den Venezianern errichtet, waren es die Johanniter, die im 14. Jh. für den Ausbau dieser Verteidigungsanlage sorgten. In kriegerischen Zeiten diente das Kastell den Dorfbewohnern als Zufluchtsstätte.

Die Burg ist über das ehemalige Nordtor zugänglich, das von ansehnlichen zinnenbewehrten Mauern flankiert wird. Am kleineren Tor gleich hinter dem ersten Außentor ist noch das Wappen eines ehemaligen Großmeisters des Johanniterordens, Pierre d'Aubusson, und die Jahreszahl 1494 zu erkennen. Innerhalb der Mauern ist fast alles zerstört worden. Wenig aussagekräftige Gebäudereste, einige Zisternen und zwei Kirchen blieben erhalten. Gräser, Blumen und die allgegenwärtigen Geckos haben die »Herrschaft« über das Gelände übernommen. Das Kirchlein **Ágios Nikólaos**

Die Inselmitte

birgt noch Reste von Wandmalereien, auf denen der heilige Christophoros zu erkennen ist. Den Eingang schmücken drei Ritterwappen, die eingravierte Jahreszahl 1520 dürfte auch für das Baudatum stehen. Die Kapelle der **Agía Paraskeví** ist einer Heiligen aus dem 2. oder 3. Jh. gewidmet, die als Heilerin von Augenkrankheiten verehrt wird, wie die zahlreichen Votivplättchen an den Ikonen belegen – häufig sind Augen auf ihnen abgebildet. Am 26. Juli findet ihr zu Ehren hier ein Gottesdienst statt, dem eine Prozession vorausgeht.

Vom südlichen Rand der Anlage aus können Sie bei klarem Wetter einen herrlichen Blick über die fruchtbare Küstenebene bei Kardámena werfen sowie bis zur Insel Níssyros hinüberspähen. Das Restaurant Castle kurz vor dem Kastell lädt zu einer Rast mit schönem Blick auf die Festungsanlage sowie das Díkeos-Gebirge ein.

3 km Staubstraße von der Inselhauptstraße aus, östlich von Andimáchia (dem Schild »castle« folgen) Ständig frei zugänglich

Plaka ■ B 3/C 3

Das kleine Wäldchen 4 km nordwestlich von Andimáchia dient vor allem an Wochenenden Einheimischen als schattiger Picknickplatz. Der Duft von Gebratenem übertönt dann den Geruch der Kiefern – bisweilen werden ganze Lämmer am Spieß geröstet. Mehrere farbenprächtige Pfauen beleben die nette Atmosphäre zusätzlich.

Service

Busse
Mehrmals täglich Busverbindung mit Kos-Stadt (Fahrzeit ca. 40 Minuten). Mehrere Busse steuern täglich auch Kardámena und Kéfalos an.

Evangelístria ■ D 2

Das Dorf gehört ebenso wie Zía zur größeren Gemeinde **Asfendíou**. Die Kirche Evangelismo direkt am Hauptplatz wurde 1910 erbaut und ist in traditionellem Stil bunt ausgemalt. Im Dorf sind noch einige alte Häuser erhalten geblieben, die vor der »Beton-Kultur« entstanden sind. Die schattenspendende Terrasse der Taverne Asfendíou gleich neben der Kirche lädt zu einer Rast ein, Gegrilltes wie Hähnchen und Oktopus sind die Spezialität des Hauses. Hier bekommen Sie auch koischen Wein vom Faß.

Zu Fuß erreichen Sie von hier aus bequem den übergangslos anschließenden kleinen Ort **Asómatos** mit seiner weithin sichtbaren, hoch gelegenen Kirche, die dem heiligen Georg geweiht ist.

Kardámena ■ C 3

1500 Einwohner

Das einstige Fischer- und Bauerndorf an der Südküste hat sich schon seit vielen Jahren vollkommen dem Tourismus verschrieben. Vor allem englische Reiseveranstalter haben hier Kontingente gebucht, und so ist der Ort »fest in britischer Hand«. Englisches Frühstück und Essen bestimmt die Speisekarten, von griechischer Kultur ist kaum noch etwas zu spüren. Die modernen Bauten vermögen nicht gerade viel Charme zu entwickeln, doch dafür bietet der insgesamt 9 km lange Sandstrand vielfältigen Badespaß, und ein reichhaltiges Angebot an Wassersportmöglichkeiten (Paragliding, Wasserski, Tretboote, Jet-Ski) verschafft Abwechslung.

Viele Strandabschnitte weisen einen flachen Uferbereich auf und sind deshalb vor allem für Kinder gut geeignet. Und wer sich etwas von den stadtnahen Strandbereichen entfernt, wird auch ein weniger überlaufenes Fleckchen finden.

In der Hauptsaison (Juli und August) sind in Kardámena alle Unterkünfte ausgebucht – dann halten sich hier neben den Einheimischen bis zu 20 000 Feriengäste auf. In einigen Hotelanlagen außerhalb des Ortes, in denen man vom abendlichen Rummel Kardámenas nichts mitbekommt, haben auch manche Reiseveranstalter Kontingente gebucht.

Südwestlich des heutigen Kardámena fanden Archäologen Spuren der antiken Siedlung Halássarna, die einst mehr Einwohner umfaßte als der heutige Touristenort. Unter den Funden waren Reste eines Apollonheiligtums, Fundamente eines hellenistischen Theaters und mehrerer Kirchen.

Eine schöne Wanderung führt von Kardámena hinauf zur **Johanniterfestung** von Andimáchia; für diesen »Castle Walk« benötigen Sie drei Stunden Zeit, etwas Kondition – und vor allem einen ausreichenden Wasservorrat (ca. 10 km einfache Strecke).

Am 8. September wird in Kardámena der Geburtstag der heiligen Mutter Gottes gefeiert. Darüber hinaus wird jedes Jahr Anfang September ein Weinfest veranstaltet.

Hotels

Club-Hotel Akti
Die Hotelanlage besteht aus einem Haupthaus mit mehreren Nebengebäuden, im Zentrum ein großer Swimmingpool und ein Kinderspielplatz. Die Kleinen können tagsüber in einem eigenen Mini-Club betreut werden. Zum Sportangebot gehören sechs Tennisplätze, zwei Basketball- und zwei Volleyballplätze. Ein schöner Strand liegt vor dem Hotel.
4 km östlich von Kardámena
Tel. 02 42/9 27 77-80, Fax 9 17 17
170 Zimmer
Obere Preisklasse (EC, Visa)

Mit dem Kaiki zu neuen Ufern: Jeden Morgen brechen vom Hafen Kardámenas Ausflugsboote zu nahe gelegenen Stränden und zur Insel Níssyros auf.

Kalimera Kos

Die Anlage besteht aus einem Hauptgebäude und sechs Nebengebäuden und ist von einem üppigen Garten umgeben. Zwei Swimmingpools, einer davon für Kinder. Moderne, großzügige Zimmer. Die Einrichtungen des Hotels Akti gleich daneben können mitbenutzt werden. Basketball- und Tennisplatz. Es bestehen auch Reitmöglichkeiten. Ein schöner Sandstrand liegt 300 m entfernt. Hoteleigene Busverbindung mit Kardámena.
4 km östlich von Kardámena
Tel. 02 42/9 15 35, Fax 9 15 57
165 Zimmer
Obere Preisklasse (EC, Visa)

Lagas Aegean Village

Konzipiert wie ein kleines griechisches Dorf, wurde diese Ferienanlage an einem Hügel nur unweit des Strandes errichtet. Hier finden Sie Geschäfte und Restaurants, eine Disko, Tennisplätze und Schwimmbecken sowie ein breites Wassersportangebot am Strand unterhalb der Hotelanlage. Allerdings liegt der Flughafen nicht weit entfernt.
2 km westlich des Zentrums von Kardámena
Tel. 02 42/9 15 15, Fax 9 16 35
330 Zimmer
Luxusklasse (EC, Visa)

Villa Bessi

Wer nicht direkt am Strand wohnen möchte und ein kleineres Haus bevorzugt, für den stellt die Villa Bessi eine gute Alternative dar. Zu Fuß ist man ungefähr 15 Minuten bis zum Strand unterwegs, nach Kardámena eine halbe Stunde. Ein winziger Pool sorgt für Abkühlung, den Gästen stehen auch Fahrräder zur Verfügung.
3 km östlich von Kardámena
Tel. 02 42/9 13 69
13 Zimmer
Mittlere Preisklasse

Essen und Trinken

Der englische Geschmack bestimmt weitgehend die Küche der meisten Restaurants. Viel Fast food.

Ta Adélfia

Im Unterschied zu den meisten anderen Lokalen steht hier auch noch griechische Hausmannskost auf dem Speisezettel. Das Frühstück sowie Pizza und Pasta sind ebenfalls zu empfehlen.
An der Straße zu den westlichen Stränden
Tel. 9 14 60
Tgl. ab 9 Uhr
Mittlere Preisklasse

Akteon

Ursprünglich wirkende Taverne, in der an Wochenenden auch noch Griechen anzutreffen sind. Gute Fischgerichte.
An der Uferstraße westlich des Zentrums
Tel. 9 14 83
Mittlere Preisklasse

Chissópoulos

Familiäre Taverne mit der gewohnten Palette der griechischen Küche. Auch Fisch kann man hier gut essen.
An der Uferstraße westlich des Zentrums
Tel. 9 12 35
Tgl. ab 11 Uhr
Mittlere Preisklasse

Nafsikon

Griechische Küche steht ebenso auf dem Programm wie eine Auswahl italienischer Gerichte. Probieren Sie mal die Spaghetti! Gäste des Restaurants können Liegestühle und Sonnenschirme am Strand davor frei benutzen.
3 km östlich des Zentrums direkt vor dem Hotel Akti
Mittlere Preisklasse

KARDÁMENA

Am Abend

Am Hafen reihen sich zahllose Bars, Cafes und Diskos aneinander, aus fast allen Lokalen schallt laute Musik. In den Diskos wird kein Eintritt verlangt, doch dafür sind die Getränkepreise sehr hoch. Die **Starlight-Disko** am nördlichen Ortsrand zählt im Sommer zu den beliebtesten Orten zum Abtanzen, die Tanzfläche befindet sich im Freien. Im Zentrum von Kardámena liegt die neue Diskothek **Status**.

Einkaufen

Die üblichen Souvenirgeschäfte bestimmen die Straßen und Gassen hinter dem Hafen. Es gibt aber auch mehrere Lebensmittelläden.

Theoria
Der Silber- und Goldschmuck von Costas Papailías hebt sich deutlich von dem der anderen Läden ab; hier findet man noch schöne Einzelstücke jenseits des uniformierten Massengeschmacks.
In der Haupteinkaufsstraße hinter der Uferpromenade

Service

Arzt
Direkt an der Hauptstraße am Ortseingang
Tel. 9 12 02

Auskunft
Das Touristenbüro von Kardámena liegt direkt an der Platía des Ortes (Zimmervermittlung).
Tel. 02 42/9 11 39
Mo–Fr 9–13, Di und Fr auch 18–20, Sa 10–12 Uhr

Autoverleih
Es sind zahlreiche Möglichkeiten vorhanden, Autos, Mopeds oder Motorräder zu leihen.

Busse
An Wochentagen fährt sechsmal täglich ein Bus nach Kos-Stadt, sonntags dreimal täglich. Die Fahrtdauer beträgt ca. 45 Minuten.

Kardámena eignet sich für einen gemütlichen Einkaufsbummel. Die Geschäfte haben bis in den späten Abend hinein geöffnet.

Post
Postcontainer in der Nähe der Platía.

Schiffsverkehr
Jeden Morgen brechen mehrere Schiffe zu Ausflugsfahrten auf, u. a. zum sehr beliebten Paradise Beach. Vor allem Níssyros ist von hier aus täglich bequem zu erreichen. Einmal pro Woche steuert ein Boot die Insel Tilos an. Tickets gibt es direkt am Hafen oder in einem der zahlreichen Reisebüros.

Taxi
Standplatz direkt vor der Hafenmole.
Tel. 2 33 33

Lagoúdi ■ D 2

Spektakuläres gibt es in dem Dörfchen, in dem nur noch wenig mehr als 100 Einwohner leben, nicht zu entdecken; kleine traditionelle Häuser und Gassen prägen die Atmosphäre, das Kafeníon mitten im Dorf ist von der modernen Zeit noch nicht überrollt worden. Die Dorfbewohner sind fast alle noch in der Landwirtschaft tätig. Die Marienkirche mit ihrer blauen Kuppel auf einem Plateau oberhalb des Ortes ist mit Wandmalereien im traditionellen Stil ausgeschmückt, vor allem Szenen aus dem Leben Marias sind hier zu finden, darunter ein Bild, das ihre Geburt darstellt.
In gut einer Stunde können Spaziergänger von hier aus zum Meer hinunter wandern.

Paléo Pilí ■ D 2

Der Name bedeutet soviel wie »das alte Pilí« und verweist darauf, daß es die ursprüngliche Heimat der Bewohner von Pilí war. Das heute verlassene Dorf war einst an einer geschützten Stelle errichtet worden, die vom Meer aus nicht einsehbar war. Feinde wurden so nicht durch vermeintliche »Beute« angelockt. Doch 1830, nach einer Cholera-Epidemie, wurde die Ansiedlung verlassen, das heutige Pilí gegründet. Die meisten Häuser sind mittlerweile verfallen, nur die Hauptkirche des Ortes ist erhalten geblieben. Ein schön gepflasterter Weg führt zu ihr hinauf.

MERIAN-TIP

I Latérna Die Belgierin Christina Zenteli und ihr griechischer Mann Evangelis leben seit fast zwei Jahrzehnten auf Kos und haben jenseits der großen Touristenzentren eine ganz besondere Idylle geschaffen. Christina malt während der Wintermonate Bilder und ganz individuelle Ikonen, die Interessierte in einem besonderen Raum bewundern – und natürlich kaufen – können. Die beiden betreiben hier auch ein kleines Café. Gästen, die mindestens vier Wochen hier oben verbringen wollen, stehen zwei sehr schöne Apartments zur Verfügung. Unterhalb der Dorfkirche in Lagoúdi, Tel. 02 42/6 90 04 ■ D 2

Oberhalb des Ortes erheben sich die Reste einer byzantinischen Festung aus dem 11. Jh., die Sie auf schmalem Pfad nach nur zehnminütigem Spaziergang erreichen können. Vor allem ein herrlicher Blick über den Norden der Insel belohnt für die Mühe des Aufstiegs. Zwei kleine Kapellen auf dem Weg zur Kirche und zur Festung bergen noch Reste von Wandmalereien. Bemerkenswert ist auch der Eingang zur Festung mit seinen muschelförmigen Nischen.

Paléo Pilí eignet sich auch gut als Ausgangspunkt für kurze Wanderungen in die Berge, entsprechendes Schuhwerk vorausgesetzt. 3 km südöstlich von Pilí (in Kato Pilí vor der Kirche links ab Richtung Lagoúdi, in Amanioú rechts ab bis zu einem Parkplatz an einer Quelle. Hier können Sie das Auto abstellen, falls Sie nicht eine Wanderung hierher vorziehen. Das Gelände ist immer frei zugänglich).

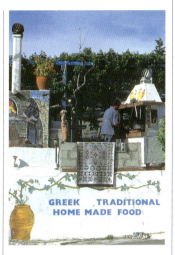

An einladenden Tavernen herrscht auf Kos wahrlich kein Mangel – mittlerweile setzen auch viele Lokale abseits der Küste auf eine attraktive Optik.

Pilí   ■ C 2

1700 Einwohner

Die Ortschaft (mit umliegenden Gemeinden) erstreckt sich in ungefähr 300 m Höhe auf einem fruchtbaren Plateau. Seinen Namen erhielt das Dorf nach dem Stamm der Peleten, die in der Antike in dieser Gegend ansässig waren. Hier wird Viehzucht betrieben; es werden Tomaten, Oliven und auch Sesampflanzen angebaut. Für den Tourismus ist Pilí nur ein Durchgangsort, denn außer einigen wenigen Privatzimmern gibt es hier keine Übernachtungsmöglichkeiten.

Die Ortschaft gliedert sich in zwei Teile: Von der Hauptstraße her gelangt man zunächst nach **Káto Pilí** (»unteres Pilí«), nach seiner Kirche wird dieser Ortsteil häufig auch **Ágios Geórgios** genannt. Daran schließt sich **Áno Pilí** an (»oberes Pilí«). Auch dieser Ortsteil wird nach seiner Kirche benannt: **Ágios Nikólaos**. Rund um den zentralen Dorfplatz, die Platía von Áno Pilí, laden mehrere nette Cafés und Tavernen zum Verweilen ein. Hier finden Sie neben der Kirche auch ein kleines **Museum** in einem alten Bauernhaus, das die Lebensbedingungen und Wohnverhältnisse der Inselbewohner in der Vergangenheit vor Augen führt (meist nur abends geöffnet).

Jedes Jahr wird am St. Georgs-Tag im April ein Pferderennen veranstaltet, bei dem an der Stirn des siegreichen Pferdes nach traditionellem Brauch ein Osterei aufgeschlagen wird.

Sehenswertes

Dorfbrunnen
200 m von der Platía entfernt (Schild »water spring«) spendet ein alter Dorfbrunnen erfrischendes Naß, das aus sechs Löwenköpfen hervortritt. Die Brunnenanlage wurde 1592 erbaut, auch wenn diese wasserreiche Stelle sicherlich schon in der Antike genutzt wurde. Noch heute zeugt das Grün der Umgebung von der Fruchtbarkeit des Gebietes.

Grab des Charmylos
Unterhalb eines Tonnengewölbes verbergen sich zwölf Grabkammern, auf jeder Längsseite je sechs. Die Grabanlage stammt aus dem 4. Jh. v. Chr. und war einst vermutlich von einem Tempel oder einem Mausoleum überbaut. Der Name des Grabes verweist auf einen mythischen Helden namens Charmylos, der in der Geschichtsschreibung jedoch nicht auftaucht. Teile der Anlage wurden später als Baumaterial der angrenzenden Kapelle verwendet, wie heute noch deutlich zu erkennen ist.
Von der Platía auf der Hauptstraße Richtung Kardámena, zweite Abzweigung links, nach 150 m wieder links
Frei zugänglich

Essen und Trinken

In der preiswerten kleinen Taverne direkt oberhalb der Brunnenanlage sitzt man nett unter schattigen Bäumen, serviert wird vornehmlich Gegrilltes und Gebratenes.

Drósos
Von der Terrasse dieser Taverne aus können Sie das dörfliche Treiben beobachten.
Oberer Dorfplatz
Tel. 4 14 46
Tgl. ab 9 Uhr geöffnet
Untere Preisklasse

Old Pilí
Kurz bevor man das verlassene Dorf Paléo Pilí erreicht, liegt einsam auf einer Terrasse diese Taverne, die einen schönen Blick auf die Küstenlandschaft gewährt. Eine große Auswahl an Gerichten, auch frischer Fisch, wird hier serviert, der Besitzer ist selbst Fischer.

MERIAN-TIP

Kunstgewerbe in Pilí Seit 1978 lebt das holländische Künstlerpaar Ria und Remko de Gilde auf der Insel. Während Remko auf Zeichnungen, Aquarellen und Ölgemälden die koische Landschaft präsentiert, hat sich Ria auf die Herstellung von Silber- und Goldschmuck spezialisiert. Die nette Galerie ähnelt ein wenig einer Ausstellung – die »Gefahr«, bei der Suche nach einem Schmuckstück fündig zu werden, ist groß. Am Oberen Dorfplatz, Mo–Sa 9–19, So 10–13 Uhr
■ C 2

Pilí – Zía

Zwischen Amanioú and Paléo Pilí
Tel. 4 16 59
Tgl. ab mittags geöffnet
Mittlere Preisklasse

Einkaufen

The Mermaid
Große Auswahl an Tongefäßen,
Wandtellern, Töpfen, Figuren.
Oberer Dorfplatz

Service

Busse
Viermal täglich (sonntags dreimal)
Busverbindung mit Kos-Stadt. Die
Fahrzeit beträgt 30 Minuten.

Erste Hilfe
Tel. 4 12 30

Taxi
Tel. 4 12 22

Einheimische sind in Zía – zumindest im Sommer – mittlerweile in der Minderheit. Die Dorfbewohner verstehen es, den Tourismus für sich zu nutzen.

Zía ■ D 2

Das in 350 m Höhe gelegene Bergdorf zählt zur größeren Gemeinde Asfendíou. Hier hat man sich völlig dem Tourismus verschrieben, vor allem abends kommen ganze Busladungen mit Touristen aus den Stranddörfern, um in einer der riesigen Tavernen einen »typisch griechischen« Abend mit Musik und Tanz zu verbringen. Doch auch tagsüber lohnt ein Spaziergang, vorbei an hübsch herausgeputzten Häusern in engen Dorfgassen. Überall werden Souvenirs angeboten; neben Töpferwaren, handgewebten Teppichen und Decken werden auch Kräuter und der bekannte Thymianhonig verkauft – die Auswahl ist eindrucksvoll.

Im Dorf selbst blieb eine der einst zahlreichen **Wassermühlen** erhalten, die von einem Quellbach angetrieben wurde. Auch hier werden mittlerweile Souvenirs verkauft. Die kleine Dorfkirche mit ihren traditionellen Wandmalereien gehörte früher zu einem nahen Kloster, stammt in ihrer jetzigen Form allerdings aus dem Jahr 1919.

DIE INSELMITTE

Von Zía aus können Sie den höchsten Berg der Insel, den 846 m hohen **Díkeos**, besteigen. Geeignete Bergschuhe, ausreichender Wasservorrat und ein wenig Erfahrung mit Wanderungen in weglosem Gelände sind allerdings Voraussetzung.

Essen und Trinken

Olympiada
Gute griechische Küche am Rand des Dorfes. Schöne Terrasse.
Tgl. ab mittags geöffnet
Mittlere Preisklasse

Sunset Balcony
Der Name hält, was er verspricht: Von der Terrasse der Taverne aus hat man in der Tat einen herrlichen Blick aufs Meer hinunter, und ein Sonnenuntergang von hier oben ist ein eindrucksvolles Erlebnis. Die Speisekarte ist nicht sehr groß, dafür sind die Gerichte hervorragend zubereitet. Probieren Sie einmal die Kirchererbsenbällchen oder den mäßig süßen, intensiven Zimtsaft. Im oberen Ortsteil neben der Kirche
Tel. 6 90 46
Tgl. ab mittags geöffnet
Mittlere Preisklasse

Zía
Die Taverne liegt ganz oben in Zía, so daß sich nicht so viele Touristen hierher verirren. Auf der kleinen Terrasse sitzt man lauschig unter Weinblättern. Kostas serviert vor allem Grillgerichte, dazu gibt es eigenen Wein.
Tgl. ab 8.30 Uhr geöffnet
Mittlere Preisklasse

Service

Dreimal täglich Busse von Kos-Stadt, sonntags zweimal; Fahrtdauer ca. 40 Minuten.

Zipári
■ D 1/D 2

Das erst in den zwanziger Jahren unseres Jahrhunderts gegründete Dorf liegt direkt an der Inselhauptstraße und an der Straße nach Zía und hat für Touristen nichts Interessantes zu bieten. Auffällig ist lediglich seine imposante Kirche.

Von Bedeutung, allerdings nur für kunsthistorisch Interessierte, sind zwei Ruinen byzantinischer Kirchen etwas außerhalb des Ortes. Reste der Basilika **Ágios Pávlos** (nach der EKO-Tankstelle vor der Brücke links hinunter), die zwischen dem 5. und 6. Jh. erbaut wurde, sind besonders sehenswert. Das romantisch überwucherte Gelände birgt zahlreiche Mosaiken mit Pflanzen- und Tiermotiven. Deutlich kann man noch die Umrisse des einst 21 x 15 m großen Gotteshauses ausmachen. Man erkennt die Reste eines Ambons, eine Art steinernes Lesepult, das man über Treppen erreichte. Auch die Mauern einer Taufkapelle mit einem kreuzförmigen Taufbecken blieben erhalten.

Die Basilika Ágios Pávlos gehört zu einer Siedlung, von der nur noch Mauerreste vorhanden sind. An deren Südrand erhebt sich die Ruine der **Basilika des Kapamá** aus dem 5./6. Jh., die einst 17 x 16 m groß war. Auch hier blieben noch schöne Mosaike und ein recht eindrucksvolles Baptisterium, als Rundbau angelegt, erhalten; in dessen Mitte befindet sich ebenfalls ein kreuzförmiges Taufbecken.

Vom Bergdorf Zía aus bietet sich ein überwältigender Blick, der bis hinüber zur Insel Psérimos reicht.

DER WESTEN: DIE KÉFALOS-HALBINSEL

SEHENSWERTE ORTE UND AUSFLUGSZIELE

Der Kopf der Insel – kéfalos bedeutet Kopf, wie der Umriß bei einem Blick auf die Karte bestätigt – ist vom Tourismus noch am wenigsten überrannt worden.

Und trotzdem finden Sie hier die schönsten Strände von Kos: angefangen vom trubeligen **Paradise Beach**, an dem sich im Juli und August Sonnenschirm an Sonnenschirm reiht, bis hin zu einsamen Badestränden ganz im Westen der Insel, die nur per Mietwagen oder Moped erreichbar und auch im Sommer niemals überlaufen sind – sie repräsentieren noch ein Stück unverfälschte Idylle.

Der Hauptort des Inselwestens, **Kéfalos-Stadt**, liegt erhöht oberhalb der Küstenlinie und wirkt aus der Distanz wie eine kleine Festungsanlage. Gerade seine Entfernung zum Strand ließ ihn eine gewisse Beschaulichkeit bewahren, Touristen bestimmen noch nicht komplett das Treiben in den Gassen.

TOP TEN 2

Ferienparadies Kamári

Unterhalb von Kéfalos-Stadt erstreckt sich **Kamári**, einst der Hafen des Ortes und mittlerweile zusammengewachsen mit **Ágios Stéfanos**. Mittlerweile hat sich der Name Kamári für die gesamte Strand-Ortschaft durchgesetzt. Hier spielt sich das eigentliche touristische Leben des Inselwestens ab, hier gibt es in ausreichender Zahl Unterkünfte, Tavernen und Geschäfte.

Kultur und Badespaß

Besonders beliebt ist der Strand von Kamári bei Surfern, denn stetige Winde verdammen höchst selten zur Untätigkeit. Die Halbinsel Kéfalos bietet nicht nur lange Sandstrände und einsame Badebuchten – für Sonnenhungrige und Wassersportler gleichermaßen geeignet –, hier können Sie auch auf den Spuren der koischen Geschichte wandeln, deren Zeugnisse bis in die Jungsteinzeit zurückreichen. Mit der Höhle Aspri Petra findet man hier außerdem das älteste Zeugnis menschlicher Anwesenheit auf der Insel, die den Funden zufolge bis in die Jungsteinzeit zurückreicht.

Über einen motorisierten Untersatz sollte man für die Erkundung des Inselwestens allerdings verfügen, falls man nicht zu denjenigen gehört, die per pedes oder Mountainbike die Schönheit der Natur ganz gemächlich »erobern« wollen.

Die malerische Bucht von Kamári ist ein reizvolles Urlaubsziel: herrliche Strände, wenig Trubel und viel Ursprünglichkeit.

DER WESTEN: DIE KÉFALOS-HALBINSEL

Kamári ■ B 3

Der einstige Hafenplatz von Kéfalos, mittlerweile mit dem benachbarten Dorf Ágios Stéfanos zusammengewachsen, bildet das touristische Zentrum des Inselwestens. Doch selbst in der Hauptreisezeit bleibt touristische Hektik diesem Teil der Insel fremd. Wer abwechslungsreiches und ausgiebiges Nachtleben sucht, der sollte besser nach Kardámena ausweichen. In Kamári finden Sie zahlreiche Hotels, Pensionen und Privatunterkünfte, die locker in der Küstenebene verteilt liegen, Bars und Tavernen bieten ausreichend Abwechslung in kulinarischer Hinsicht, und fahrbare Untersätze stehen in großer Zahl bereit.

Der Ortsstrand von Kamári, der sich auf einer Länge von ungefähr 2 km erstreckt, eignet sich nicht nur gut zum Baden, er gilt vor allem aufgrund seiner häufigen ablandigen Winde als Eldorado für Surfer, die hier ideale Bedingungen vorfinden wie sonst kaum irgendwo auf griechischen Inseln. Hin und wieder allerdings sehr zum Leidwesen mancher Badender, die nicht zu Unrecht eine Kollision fürchten. In der Kefalos Windsurfing School können Einsteigerkurse belegt werden (Tel. und Fax 7 15 55). Für gemächlicheres Vorwärtskommen stehen am Strand Tretboote zur Verfügung.

Die Strände östlich von Kamári erstrecken sich beinahe über 10 km und zählen zu den schönsten, die Griechenland zu bieten hat (→ S. 78).

Hotels/andere Unterkünfte

Anthoula
Das kleine Hotel liegt zwischen Kamári und Kéfalos, rund 800 m sind es bis zum Strand. Wer nicht so weit laufen möchte, dem steht ein Swimmingpool zur Verfügung. Bushaltestelle direkt vor dem Haus.
Tel. 02 42/7 14 97
32 Zimmer
Mittlere Preisklasse

Wie wär's mit einem Ausflug? Die malerisch anmutenden Boote, die am Strand von Kamári auf Passagiere warten, steuern reizvolle Ziele wie die Vulkaninsel Níssyros an.

Anthoulis

Relativ kleine Zimmer vermietet diese Pension mitten im Ort an der Hauptstraße, dafür kann man aber ziemlich preisgünstig wohnen.
Tel. 02 42/7 13 41
24 Zimmer
Untere Preisklasse

Club Méditerranée

Die schon etwas ältere Clubanlage am östlichen Strandabschnitt von Kamári liegt in viel Grün eingebettet. Neben der üblichen Animation wird vor allem für Kinder ein abwechslungsreiches Programm geboten. Surfen, Segeln und Wasserski steht im Mittelpunkt des Wassersportangebots. Abends gibt es Disko, Konzerte und Showprogramme.
Tel. 02 42/7 13 11, Fax 7 15 61
310 Zimmer
Obere Preisklasse (AE, EC, Visa)

Panorama Studios
→ MERIAN-Tip, S. 17

Tsakínis Studios

Im letzten Haus oberhalb des Hafens wohnt man ziemlich ruhig. Die Zimmer bieten einen schönen Blick über die gesamte Küste.
Tel. 02 42/7 16 02
16 Studios
Untere Preisklasse

Sehenswertes

Ágios Stéfanos   ■ B 3

Die Ruinen der um 500 n. Chr. errichteten Doppelbasilika findet man unmittelbar vor dem Terrain des Club Med am Strand gegenüber der kleinen Insel Kástri. Bei den Ruinen handelt es sich um zwei direkt nebeneinander liegende, jeweils dreischiffige Bauten, in denen noch einige Mosaiken erhalten blieben, die jedoch meist unter Sand und Kies verborgen sind. In der kleineren Basilika können Sie außerdem ein guterhaltenes Taufbecken in Form eines Kreuzes ansehen. Die noch unzerbrochenen Säulen wurden von den Archäologen wiederaufgerichtet.

Von der Basilika aus können Sie zur kleinen Nikolauskirche auf der Insel **Kástri** hinüberschwimmen, die jedoch immer verschlossen bleibt.

Agorá

Eine antike Agorá und weitere Funde verweisen darauf, daß hier einst eine bedeutsame Siedlung gelegen haben muß, Reste der früheren Hafenstadt Astipaléa.
Zwischen Hauptstraße und Strand

Basilika Kamaríou   ■ B 4

Spärliche Reste einer frühchristlichen Basilika blieben am westlichen Ende von Kamári unweit der Taverne Faros erhalten. Sie sind allerdings nur für besonders Kunstinteressierte einen Umweg wert.

Essen und Trinken

Corner

Direkt am Strand gelegen, bietet die Terrasse des Restaurants einen schönen Blick aufs Meer und die Bucht. Griechische Küche, auch Fischgerichte.
Mittlere Preisklasse

Dionisos

Das unter neuer Leitung stehende Restaurant hat sich auf Fischgerichte und Meeresfrüchte spezialisiert, aber auch alle anderen gewohnten Köstlichkeiten der griechischen Küche stehen auf der Speisekarte. Sehr schön sitzt man abends auf der Terrasse zum Meer hin.
Direkt an der Hauptstraße
Tel. 02 42/7 14 05
Tgl. ab 11 Uhr
Mittlere Preisklasse

DER WESTEN: DIE KÉFALOS-HALBINSEL

Fáros
Auch bei Einheimischen beliebte Taverne – was als gutes Zeichen zu werten ist – am westlichen Ende der Uferpromenade. Hier wird eine breite Palette an griechischen Gerichten serviert, auch die Fischspezialitäten sind zu empfehlen.
Unmittelbar am kleinen Hafen
Mittlere Preisklasse

Katerína
→ MERIAN-Tip S. 21

Limniónas ■ A3/B3
Das Fischrestaurant direkt am kleinen Hafen und unweit des einzigen Sandstrandes von Limniónas hat sich seit eh und je auf Fisch spezialisiert und wird an Wochenenden häufig von Einheimischen aufgesucht.
TOP TEN 3
5 km nördlich von Kéfalos
Mittlere Preisklasse

Miltos ■ A3/B3
Auch diese Taverne liegt in Limniónas, dem kleinen Hafen nördlich von Kéfalos, der auf einer gut befahrbaren Staubstraße erreichbar ist. Sie ist eines von zwei Fischrestaurants in dieser ansonsten menschenleeren Gegend und etwas höher gelegen als das andere. Frischer Fisch ist hier in erster Linie zu empfehlen und wird schmackhaft zubereitet, doch auch andere griechische Gerichte stehen auf der Speisekarte.
TOP TEN 3
Tel. 7 15 17
Mittlere Preisklasse

Stamatía Antónis
Die alteingesessene Taverne unmittelbar am Strand, in der Nähe des Anlegers von Skála, bietet immer noch gute Qualität und herzhaftes Essen.
Tgl. ab 11 Uhr
Mittlere Preisklasse

Am Abend
Ein besonders aufregendes Nachtleben sollte man in Kamári nicht erwarten. An der Hauptstraße und am Strand warten mehrere Bars auf Kundschaft, die Diskos **Make-Up** und **Popeye** bieten Lautstarkes.

Strände

Ágios Stéfanos ■ B3
Kleiner Sandstrand mit flach abfallendem Meeresboden direkt am Club Med, man kann zur winzigen vorgelagerten Insel Kástri hinüberschwimmen. Im Sommer stark besucht. In der Taverne Katerína (→ MERIAN-Tip, S. 21) wenige Meter oberhalb des Strandes gibt es gutes Essen.
Ausgeschilderte, geteerte Zufahrt von der Inselhauptstraße

Banana Beach und Makros Beach ■ B3
Zwischen Paradise und Sunny Beach gelegen. Sonnenschirmverleih und Getränkeverkauf.
Ausgeschilderte, unbefestigte Zufahrt von der Inselhauptstraße aus

Camel Beach ■ B3
Der nicht besonders große Strand besteht aus drei unterschiedlich großen Buchten, an denen sich auch ein Sonnenschirmverleih etabliert hat. Direkt am Strand eine kleine Taverne. Die Felsen ringsherum machen Camel Beach auch für Schnorchler interessant.
TOP 10
Steile, unbefestigte Straße; an der Inselhauptstraße ausgeschildert

Magic Beach ■ B3
Eine kleine Verkaufsbude mit Getränken hat nur in den heißen Sommermonaten geöffnet, ebenso der Sonnenschirmverleih.
TOP 10
Ausgeschilderte, unbefestigte Zufahrt von der Inselhauptstraße aus

Paradise Beach ■ B 3

Der Inselbus hält an der Hauptstraße, von der es noch 500 m Fußweg zum »Paradiesstrand« sind. Im Sommer überlaufen, dann reiht sich Liegestuhl an Liegestuhl. Der Strand wird auch **Bubblebeach** genannt, weil Blasen aus dem Meeresboden aufsteigen, die angeblich von erloschenen Vulkanen stammen. Da Jet-Ski betrieben wird (Verleihstationen), sollte man hier nicht unbedingt beschauliche Ruhe erwarten. Große Taverne oberhalb des Strandes.

Sunny Beach ■ B 3

Liegen und Sonnenschirme werden auch hier angeboten, in der Hauptsaison vermietet man Tretboote. Schöner, flachabfallender Sandstrand, doch wird es hier nie so voll wie am Paradise Beach. Gleich oberhalb des Strandes liegt eine nette Taverne mit schattigen Terrassen, wo man sich bei einem kühlen Getränk gut vom anstrengenden Sonnenbad erholen kann.
Teils unbefestigte, aber gut befahrbare Zufahrt (ausgeschildert) von der Inselhauptstraße aus

Service

Werktags sechsmal täglich, sonntags dreimal täglich gibt es **Busverbindungen** mit Kos-Stadt, die Fahrzeit beträgt rund eine Stunde. Während der Sommersaison verkehren etwa fünfmal wöchentlich (bei Bedarf auch öfter) Ausflugsboote nach **Níssyros**, von Zeit zu Zeit werden Badeausflüge (mit Barbecue) zu einsamen Stränden veranstaltet, die nur per Boot erreichbar sind (Auskünfte bei **Kéfalos Tours**, Tel. 02 42/7 20 56, Fax 7 10 55). Hier bekommen Sie übrigens auch Mietwagen mit einem zuverlässigen 24-Stunden-Reparaturservice, der sogar kaputte Reifen umfaßt (→ MERIAN-Tip, S. 14). Preisgünstige und moderne Roller und Motorräder bekommen Sie bei **Stamatis** (Tel. 02 42/7 13 49 und 7 21 11) gleich bei der Einfahrt zum Club Mediterranée.

Lange Strandspaziergänge, Faulenzen in der Sonne, eine Runde Jet-Ski – die schöne Bucht von Kamári läßt kaum einen Urlaubswunsch offen.

Kéfalos-Stadt ■ A3
2500 Einwohner

Der Hauptort im Inselwesten, der auf einem mächtigen Plateau hoch über dem Meer thront, ist bislang nur in bescheidenem Ausmaß vom Tourismus in Beschlag genommen worden. Zu beschwerlich wäre wohl für die meisten Touristen der steile Weg hinunter zum Meer. Da nur wenige Privatzimmer Übernachtungsmöglichkeiten bieten, bestimmt noch griechischer Inselalltag Leben und Treiben in den kleinen Gassen. Kleine Kafenía und traditionelle Läden mit ihrem bunt durcheinandergewürfelten Angebot prägen zwar das Bild der Ortschaft, doch sind die Tavernen des Dorfes bereits auf ausländische Besucher eingestellt. Noch sind viele vor allem der älteren Bewohner in Landwirtschaft und Fischfang tätig, wenn auch mit abnehmender Tendenz.

Die Gegend rings um Kéfalos ist zwar nicht so fruchtbar wie der Inselosten, trotzdem wird hier Getreide, Gemüse und Tabak angebaut. So manch einer der Dorfbewohner hat früher mehrere Jahre in Deutschland gearbeitet, wie man bald feststellen kann, wenn man länger im Ort bleibt. Einige hundert Einwohner von Kéfalos arbeiten mittlerweile während der Sommermonate in den großen Ferienanlagen wie Robinson Club und Club Mediterranée, die Kehrseite ist Arbeitslosigkeit im Winter. Aus der Region um Kéfalos stammt der berühmte, sehr aromatische Thymianhonig, den Sie in den Dorfläden bekommen, und auch der rote Schafskäse (**kókkini féta**), eine der regionalen Spezialitäten, wird hier hergestellt.

Bademöglichkeiten, zum Teil allerdings mit heftigem Wellengang, gibt es rund um das **Kap Kata**, wo ein dünenbesetzter Sandstrand die auch während der Hauptsaison nur wenigen Besucher erwartet. Fahren Sie mit dem eigenen Auto jedoch nicht bis an die Dünen heran: So manches Fahrzeug mußte mühsam wieder herausgeschaufelt werden!

Südlich davon, bei der Kapelle Ágios Theólogos, liegt ein bescheidener Sand-/Kiesstrand. Hier wartet sogar eine Taverne auf – keineswegs zahlreiche – Gäste. Eine weitere Bademöglichkeit mit sehr kleinem Sandstrand gibt es in **Limniónas** 5 km nördlich von Kéfalos. Die beiden Fischtavernen am Hafen gelten bei Einheimischen als die besten der Insel (→ S. 28, 78).

In der Gegend von Kéfalos lag einst die erste Hauptstadt der Insel, Astipaléa, bis sie 412 durch ein schweres Erdbeben vernichtet und von ihren Bewohnern aufgegeben wurde.
Kéfalos liegt 43 km von Kos-Stadt entfernt.

Sehenswertes

Isódia tis Panagías
Ein ägyptischer König namens Kediwe Ismael stiftete für die Errichtung dieser Kirche Geld, als er im Jahre 1873 Kos besuchte. In ihrem Inneren ist sie mit traditionellen Motiven ausgemalt.
Direkt an der Hauptgasse des Dorfes

Kastell
Viel ist von der ehemaligen Johanniter-Festung, die später auch von den türkischen Besatzern genutzt wurde, nicht übriggeblieben, doch der Weg hierher lohnt schon allein wegen des herrlichen Ausblicks auf die Küstenebene.
Am östlichen Ortseingang oberhalb des großen Parkplatzes

Museum

Volkskundliches Museum
Im Inneren des kleinen, über 100 Jahre alten Häuschens können Sie sehen, wie man in Kéfalos früher lebte.
Tgl. 9–13.30 Uhr
Am nördlichen Dorfrand unterhalb der Windmühle
Eintritt frei

Service

Fünfmal täglich besteht eine **Busverbindung** mit Kos-Stadt (sonntags dreimal), die Fahrt dauert etwa eine Stunde. **Taxis** können unter der Rufnummer 7 12 22 bestellt werden. **Erste-Hilfe**-Station Tel. 7 12 30.
In Kéfalos finden Sie außerdem eine Post, Bank und OTE.

Ziele in der Umgebung

Ágios Ioánnis Thymianós ◾ A 4

Das von allen Mönchen verlassene Kloster, das den Namenszusatz Thymianós dem in dieser Gegend reichlich wachsenden Thymian verdankt, bietet einen weiten Blick über die Küstenlinie. Es erwacht nur am 29. August zu neuem Leben, wenn hier das Kirchweihfest gefeiert wird, das an die Enthauptung von Johannes dem Täufer erinnern soll. Dann sind die langen Steinbänke auf dem Hof, die in der übrigen Zeit nur wenige Touristen zu einer Rast einladen, alle besetzt. Eine uralte Platane vor dem Kirchlein, die schon an mehreren Stellen abgestützt werden mußte, spendet Schatten. Das Kloster eignet sich sehr gut als Wanderziel von Kéfalos aus.
7 km südlich von Kéfalos

Antikes Theater (Palátia) ◾ A 4

Wenige hundert Meter nach dem Abzweig zur Kapelle Panagía i Palatianí (→ unten) weist an einem Parkplatz ein kleines Schild (»Palátia«) auf die Reste eines hellenistischen Theaters aus dem 2. Jh. v. Chr. hin, doch nur spärliche Zeugnisse einiger Sitzreihen blieben in dem Kiefernwäldchen erhalten. Einige Meter entfernt die ebenfalls nicht gerade üppigen Überreste eines Tempels im dorischen Stil aus der gleichen Zeit. Eine kopflose Statue der Göttin Demeter, die hier gefunden wurde, können Sie im Museum in Kos-Stadt bewundern.
2 km südlich von Kéfalos

Aspri Pétra ◾ B 4

Diese schon in der Jungsteinzeit bewohnte Höhle barg die bislang ältesten Zeugnisse der Besiedlung der Insel. Der Weg dorthin ist nicht ausgeschildert und nur querfeldein zu erreichen, so daß Interessierte am besten einheimische Hilfe in Anspruch nehmen sollten. Die vor einigen Jahren in der Höhle noch vorhandenen Tropfsteine wurden mittlerweile leider alle abgeschlagen.
7 km südlich von Kéfalos

Panagía i Palatianí ◾ A 4

Der Name des Gotteshauses – Heilige Mutter Gottes der Paläste – deutet auf die Lage hin: Die Kapelle wurde einst an der Stelle und mit den Resten eines Dionysostempels errichtet. Sie ist dem Verfall preisgegeben; wenige Meter entfernt wurde 1988 eine moderne neue Kapelle errichtet. Schöner Blick über die Bucht von Kéfalos.
1 km hinter Kéfalos links der Straße

MIT DEM AUTO

Inselrundfahrt auf Kos

Wo Sie auf Kos auch wohnen, jeder Teil der Insel ist auf einem Tagesausflug bequem zu erreichen. Die folgende Tour ermöglicht ein erstes Kennenlernen ihrer unterschiedlichen Reize.

In Kos-Stadt sind Geschichte und Gegenwart eng miteinander verwoben

Ausgangspunkt unserer Tour ist **Kos-Stadt**, Sie können aber auch von jeder der erwähnten Stationen aus starten. Die große Inselhauptstraße Richtung Westen führt uns nach **Zipári**, wo es dann links hinauf in die Berge bis nach **Zía** geht. Bei klarer Sicht liegen das türkische Festland und die Insel Psérimos zum Greifen nahe. Die vielen Geschäfte und Stände mit Souvenirs hier oben bieten übrigens eine gute Auswahl.

In Lagoúdi lohnt ein Besuch des Antiquitätenladens von Christina Zentéli, auf deren Terrasse Sie auch ein erfrischendes Getränk genießen können

Ein kleines Stück müssen wir nun wieder zurück; in **Evangelístria** biegen wir an der Kreuzung nach links ab Richtung Amanioú. Im winzigen Dörfchen Lagoúdi könnten Sie eine Rast einlegen. Weiter geht es nach **Pilí**, wo Sie sich auf der Hauptstraße nach links wenden, bis zum Dorfplatz des oberen Ortsteiles. Ein paar Schritte sind es nur bis zum mehrere hundert Jahre alten Brunnen mit seinem klaren Quellwasser.

Winzige Kirchlein wie dieses entdeckt man auf Kos sehr häufig – unvermittelt tauchen sie oft hinter einer Haarnadelkurve auf oder thronen eindrucksvoll auf einer Anhöhe über dem Meer.

MIT DEM AUTO

Landschaftlich besonders reizvoll ist die folgende Strecke am Rand des Díkeos-Gebirges entlang Richtung Kardámena – immer wieder reizt der weite Blick zum Anhalten und Verweilen. Die Geschäfte im lebhaften Ferienort Kardámena verleiten zu einem kurzen Bummel, und wenn Sie Erfrischung im Wasser suchen: Die Strände rechts und links des Ortes lassen keine Wünsche offen. Eine gutausgebaute Straße führt nun hinauf nach **Andimáchia**, wo ein kurzer Abstecher ins gleichnamige Kastell und ein Besuch der einzigen erhaltenen Windmühle möglich ist.

Fest in englischer Hand: Kardámena

Weiter geht es anschließend auf der Inselhauptstraße Richtung Kéfalos; doch bevor Sie diesen Ort erreichen, sollten Sie einen der herrlichen Strände wie den **Paradise Beach** aufsuchen, die über kurze Stichstraßen zu erreichen sind. Schließlich liegt Kamári vor Ihnen, ein langgezogener Strand mit fotogenem vorgelagertem Inselchen und zahlreichen kleineren Hotels und Ferienanlagen. Darüber thront auf einem Felsplateau **Kéfalos**, der vom Tourismus noch wenig berührte Hauptort des Westens.

Im Surfer-Eldorado Kamári herrscht ein stetiger ablandiger Wind

Das »Kloster des Thymians«

Wenn Sie noch genügend Zeit haben, können Sie auf schmaler Straße die landschaftlich reizvolle Gegend des »wilden Westens« aufsuchen, wo historische Ruinen und Klöster wie das einsame **Ágios Ioánnis Thymianós** die einzigen menschlichen Hinterlassenschaften sind.

Als Rückweg bleibt zunächst nur dieselbe Strecke bis Andimáchia, wo es links hinuntergeht zum Meer, nach Mastichári. Er ist einer der drei Badeorte an der Nordküste von Kos mit kilometerlangen Strandabschnitten. Auf einer Nebenstrecke können Sie auch die beiden anderen Stranddörfer, **Marmári** und **Tigáki**, erreichen, bevor es zurück auf die Inselhauptstraße und nach Kos-Stadt geht.

Am 28. August feiert Mastichári sein Patronatsfest

Länge: ca. 130 km
Dauer: Tagestour
Karte: → Klappe vorne

MIT DEM AUTO UND ZU FUSS

Zum einsamen Westkap

Eine Halbtagestour durch den einsamen äußersten Westzipfel der Insel, die bei entsprechender Kondition zu einer ganztägigen Tour verlängert werden kann.

Vom Kloster genießt man eine herrliche Aussicht über die Südwestküste

Ausgangspunkt der Wanderung ist das unbewohnte Kloster **Ágios Ioánnis Thymianós** ganz im Westen von Kos, das Sie bequem per Auto oder mit dem Moped erreichen können. Erfahrene und ausdauernde Wanderer können auch bereits in **Kéfalos** die Tour zu Fuß beginnen, denn der etwa sieben Kilometer lange, landschaftlich schöne Weg bis zum Kloster lohnt die Anstrengung.

Kurz nach dem Abzweig von der Teerstraße zum Kloster gabelt sich der Weg. Sie halten sich links auf einem absteigenden Sandweg. Immer wieder neue Ausblicke auf die schroffe Felsküste eröffnen sich unterwegs, bis Sie die kleine Kapelle **Ágios Mámas** kurz vor dem Kap Krikélos erreicht haben. Auf hügeliger Strecke geht es nun auf einem Feldweg in nördlicher Richtung weiter, an mehreren kleinen Stränden vorbei, die jedoch nur auf winzigen, unwegsamen Pfaden erreichbar sind. Etwas mehr als vier Kilometer nach der Kapelle Ágios Mámas führt nach rechts eine Staubstrecke wieder hoch zum Kloster Ágios Ioánnis Thymianós. Orientieren kann man sich dabei an der Antennenanlage auf dem höher gelegenen Berg Látra.

Der Berg Látra ist 428 Meter hoch

Hinweis: Unternehmen Sie diese Wanderung nie alleine, da Sie an der Westspitze vermutlich auf keine Menschenseele treffen werden, die bei Bedarf Hilfe leisten könnte. Denken Sie an Verpflegung und ausreichenden Wasservorrat!
Länge: 13 bzw. 27 km
Dauer: Halbtages- bzw. Tagestour
Karte: → Klappe vorne

MIT DEM SCHIFF

Die Schwammtaucherinsel Kálymnos

Den Badeschwamm für zu Hause können Sie auf Kálymnos aus einem großen Angebot aussuchen. Denn noch immer leben einige Inselbewohner vom Schwammtauchen.

Täglich wird Kálymnos von zahlreichen Fähren angesteuert; mehrmals täglich gibt es eine Linienverbindung von Mastichári nach Póthia, auf dieser kürzesten Verbindung können auch PKW mitgenommen werden. Von Kos-Stadt aus starten ebenfalls täglich Linienschiffe und Ausflugsboote nach Kálymnos.

Bei der Annäherung an **Póthia**, der Hauptstadt von Kálymnos, präsentiert sich die Insel als felsen- und steinübersätes Eiland. Ihre sympathischeren und zum Teil auch grünen Seiten eröffnen sich erst bei einer Tour über die Insel.

Kálymnos ist eine karge Insel ohne viel Vegetation

Schwertfische und Naturschwämme

Póthia erwartet Sie mit netten, pastellfarbigen Häusern, die sich wie ein Amphitheater den Hang hochziehen. Die Stadt zählt mit 12 000 Einwohnern zu den größten Orten des Dodekanes; ne-

Die hübschen Häuser der Inselhauptstadt Póthia umringen eines der größten Hafenbecken des Dodekanes. Es wird kilometerlang von Tavernen und Cafés gesäumt.

ben dem Fremdenverkehr spielt hier der Fischfang noch eine große Rolle, auch wenn Jahr für Jahr die Überfischung des Mittelmeeres diesen Erwerbszweig immer unsicherer macht. Doch noch immer kann man bei der Rückkehr der Fischerboote am Hafen beobachten, wie riesige Schwertfische angelandet und für den Export präpariert werden.

Die Schwammtaucherei hat seit der Antike Tradition

Auch von den einst Hunderten von Schwammtaucherbooten, die alljährlich das Mittelmeer abgegrast haben, sind gerade mal noch zwei Dutzend übriggeblieben. Preiswertere Importware aus Tunesien und Kuba macht heute das Rennen im internationalen Geschäft. Doch keine Sorge: Schon im Hafen von Póthia werden Sie über die zahlreichen Geschäfte stolpern, die Ihnen Naturschwämme des Mittelmeeres in allen möglichen Formen und Größen anbieten. Ein Tip für den Kauf: Auch wenn die helleren Exemplare unter den Schwämmen ästhetischer wirken mögen – sie sind mit chemischen Mitteln gebleicht und deshalb nicht so haltbar wie die naturbelassenen dunkleren Schwämme.

Übrigens: Die Schwämme sind ihren Preis wert

Aufstieg zum Johanniterkastell

Belebtes und meist lärmerfülltes Zentrum des Ortes ist die Hafenpromenade, die zum Bummeln einlädt, vorbei an der Fischmarkthalle und einigen italienischen Bauten aus den zwanziger Jahren. Von zahlreichen Tavernen und Cafés aus können Sie das Treiben im Hafen beobachten, in dem Ausflugsboote zu verschiedenen Tagesausflügen starten. Gut ausgeschildert ist der Weg zum kleinen **Vouválls-Museum**, der original ausgestatteten Villa eines reichen Schwammhändlers (Di–So 10–14 Uhr). Und wenn Sie über ausreichend Kondition verfügen, so lohnt der Aufstieg nach Chóra, dem alten, weiter oben gelegenen Ortsteil von Póthia mit seinen engen Gassen. Ein weiterer Fußmarsch von einer halben Stunde bringt Sie, vorbei an drei Windmühlen, zur Ruine **Péra Kástro**, einem Johanniterkastell aus dem 14. Jahrhundert, von wo Sie einen weiten Blick über die Stadt genießen können.

Nach 1850 verlor die ehemalige Hauptstadt Chóra immer mehr an Bedeutung

Entdeckungsfahrt über die Insel

Doch Kálymnos hat noch mehr zu bieten. Unsere Tour führt zunächst in den Nordwesten der Insel Richtung Emboriós. Nur wenige Linienbusse fahren am Tag bis hierher, im stündlichen Takt können Sie jedoch den Badeort **Massoúri** erreichen. Doch auch Motorroller, Autos und Taxis stehen für die Erkundung der Insel zur Verfügung, falls Sie nicht ohnehin schon einen Mietwagen von Kos mitbringen.

Die Taverne »Paradise« in Emboriós trägt ihren Namen zu Recht: Man genießt das Essen in einem wunderschönen Garten

Auf dem Weg nach Nordwesten lohnt für Kunstinteressierte nur 500 Meter von Chóra entfernt die Basilika **Christós tis Jerusalim** einen Besuch. Vor allem die Apsis ist interessant; sie stammt aus dem 5. Jahrhundert. Deutlich erkennbar wurden bei ihrer Errichtung zahlreiche Baumaterialien eines alten heidnischen Apollon-Tempels verwendet (nach dem großen Friedhof von Chóra links ab Richtung Argos, dann gleich wieder rechts).

Nach fünf Kilometern liegt **Panórmos** vor uns. Zusammen mit den folgenden Küstenorten **Mirtiés** und **Massoúri** bildet diese Region das touristische Zentrum der Insel – mit allem, was dazugehört: Hotels, Ferienwohnungen, Restaurants und Geschäften. Die kleinen Strände zählen nicht gerade zu den verlockendsten Griechenlands, doch auf der vorgelagerten Insel Télendos, die mehrmals pro Stunde von Mirtiés aus auf kleinen Booten angesteuert wird, locken mehrere Sand-/Kiesstrände Badegäste an.

Auf dem Grund der Meerenge vor Télendos sollen die Reste einer versunkenen Stadt liegen

»Kundenfang« à la Kálymnos: Um den Verkauf der mühsam geernteten Schwämme anzukurbeln, sorgt mancher Ladenbesitzer für eine stimmungsvollromantische Dekoration.

MIT DEM SCHIFF

Die folgende Strecke, immer an der Küste entlang, ist von einer kahlen Felsenwelt geprägt, in der der Duft von Thymian die Luft erfüllt. Im Meer sind Fischzuchtstationen auszumachen, mit denen versucht wird, der Tragödie der Überfischung entgegenzusteuern. Am Ende einer langgestreckten, fjordartigen Bucht erstreckt sich der kleine Ort **Arginóndas** mit seinem einladenden Kiesstrand. Auch auf Tavernen und Liegestühle muß man hier nicht verzichten.

Am Dörfchen **Skaliá** vorbei erreichen wir die letzte Station unserer Tour, den Ort Emboriós. Einige hübsch gelegene Unterkünfte (zum Beispiel Harry's Paradise, Tel. 02 43/4 74 34) und Tavernen versprechen in diesem abgelegenen Dorf, 24 Kilometer von Póthia entfernt, einen wirklich ruhigen Urlaub. Auf gleichem Weg geht es dann zurück in den Hauptort.

Badefreuden gewährt in Emboriós ein langgezogener, mit Tamarisken bestandener Kiesstrand, weitere kleinere Strände sind nur zu Fuß erreichbar

Das Tal der Zitrusfrüchte

Bleibt genug Zeit, lohnt noch ein Ausflug ins zehn Kilometer entfernte **Vathís** im Osten der Insel. Folgen Sie der Uferstraße am Hafen in östlicher Richtung, und fahren Sie zunächst auf kurvenreicher Strecke in karger Landschaft oberhalb des Meeres entlang, bis Vathís unter Ihnen liegt. Der Kontrast könnte kaum größer sein: Vathís erstreckt sich am Ende eines langgezogenen Fjordes in einem grünen Tal mit Tausenden von Orangen-, Zitronen- und Mandarinenbäumen. Ruhesuchende Touristen finden hier einige Unterkünfte und Tavernen; sehr schön wohnt man beispielsweise oberhalb des Hafens in der Pension Manolis (Tel. 02 43/3 13 00), deren Zimmer in der Hochsaison allerdings oft belegt sind. Wanderfreunde können von hier aus zahlreiche Touren in die Berge unternehmen; vom Hafen starten Ausflugsboote zu einsamen Stränden und Höhlen in der Region.

Der in Plantagenwirtschaft betriebene Obstanbau in diesem sechs Kilometer langen Tal dient hauptsächlich dem Export

*Bild S. 89:
Ein Urlaubsort jenseits des großen Touristentrubels ist Vathís, das sich an einer fjordähnlichen Bucht erstreckt.*

Zurück geht es wieder auf demselben Weg.

Dauer: Tagestour, die aber problemlos auf mehrere Tage ausgedehnt werden kann
Karte: → Klappe hinten

MIT DEM SCHIFF

MIT DEM SCHIFF

Entdeckungsfahrt nach Léros

Wenig bekannt ist Léros bei Touristen aus dem deutschsprachigen Raum. Zu Unrecht, wie schon ein kurzer Besuch der Insel verdeutlicht.

Léros bietet hervorragende Tauchreviere

Am malerischen kleinen Hafen gibt es einige Tavernen

Wer Léros in einem Tagesausflug besuchen möchte, sollte sich der schnellen Flying Dolphins bedienen, der Tragflächenboote, die von Kos-Stadt aus ihr Ziel in zwei Stunden erreichen. Gemächlicher und schöner geht es mit den Linienschiffen, doch dann sollten Sie sich etwas mehr Zeit für die Insel nehmen. Daß sich Léros für einen längeren Aufenthalt lohnt, zeigt der folgende Vorschlag für eine Tour über die Insel.

Agía Marína, im mittleren Teil der langgestreckten Insel gelegen, ist der Ankunftshafen der schnellen Flitzer. In dem durch seine natürliche Lage geschützten Hafen werden Sie von einer fotogenen Windmühle begrüßt, die im Wasser zu stehen scheint. Die weißen Häuser des Ortes verteilen sich, einem Amphitheater ähnlich, zwischen zwei Hügeln. In den kleinen Gassen verbergen sich einige sehenswerte herrschaftliche Villen, zum Teil aus italienischer Zeit, und einige interessante Geschäfte – etwa das Katí to Oréon

Wer hat wohl den besten Fang gemacht? Auf dem Markt der Inselhauptstadt Plátanos herrscht schon frühmorgens reges Treiben.

ganz in der Nähe des Hafens, in dem Sie eine außergewöhnliche Auswahl an Kunsthandwerk vorfinden.

Museumsbesuch hoch über der Stadt

Hoch oberhalb des Ortes, über Pfad und Straße bequem auf einem Spaziergang erreichbar, thront ein **Kastell**, eine von den Johannitern im 14. Jahrhundert erweiterte byzantinische Festung. Ein geradezu berauschender Blick nach allen Seiten, vor allem im sanften Licht des späten Nachmittags, belohnt für den Aufstieg. Die **Marienkirche** im Inneren der Festungsmauern birgt eine wundertätige Ikone, Ziel zahlreicher Gläubiger. Angeschlossen ist ein **Museum**, das wertvolle Gegenstände wie Meßgefäße und Gewänder aus verschiedenen Kirchen der Insel, eine sehenswerte Bibliothek und einige archäologische Funde birgt (tgl. 8.30–12.30, Mi, Sa, So auch 15.30–19.30 Uhr).

Schon in der Antike stand hier ein Wachtturm

Praktisch zusammengewachsen ist Agía Marína mit dem etwas höher gelegenen Plátanos, der Hauptstadt der Insel, wirtschaftliches und verwaltungstechnisches Zentrum zugleich. Den Hauptplatz mit seinem klassizistischen Rathaus können Sie vom Hafen leicht in einem Spaziergang erreichen, Sie brauchen nur der Hauptstraße auf den Bergsattel hinauf zu folgen. 500 Meter weiter, und Sie gelangen zu einem anderen Hafen, dem des einstigen Fischerdorfes **Pandéli**, das mittlerweile ebenfalls mit Plátanos zusammengewachsen ist. Badefreunde erwartet hier ein kleiner Kiesstrand. Hier freuen sich Tavernen und Unterkünfte auf Gäste, so zum Beispiel in einigen oberhalb des Ortes gelegenen restaurierten Windmühlen.

An der Platía von Plátanos beginnt auch der Fußweg hinauf zum Kastell (Kástro)

Für die weitere Erkundung der Insel sind Sie auf einen motorisierten Untersatz angewiesen. Mietwagen, Motorroller und Taxis stehen zur Verfügung; wer länger verweilt, kann auch die Linienbusse verwenden (beste Adresse für die Organisation von Touren und Unterkünften ist die Agentur Kastis mit mehreren Büros auf Léros: Hauptbüro in Lakkí, Tel. 02 47/2 25 00; in Agía Marína am Hafen, Tel. und Fax 02 47/2 21 40; in Álinda, Tel. und Fax 02 47/2 23 05).

Wer länger bleiben möchte, sollte sich an die Agentur Kastis wenden

MIT DEM SCHIFF

ROUTEN UND TOUREN

Wie aus den Tiefen des Meeres aufgestiegen, liegt die überaus fotogene kleine Kirche Ágios Issidóros vor der Küste von Léros. Sie ist über einen Betonsteig zu erreichen, der manchmal leicht vom Meer überspült wird.

Sonne, Sand und Kultur

Die Küste zwischen Agía Marína und Álinda ist kaum bebaut

In der natürlichen großen Bucht von Agía Marína schließen sich die kleinen Orte **Krithóni** und Álinda an, die vom Anlegehafen allerdings auch zu Fuß gut erreichbar sind. Hier verbringt das Gros der Touristen in einem der zahlreichen Hotels und Pensionen oder in einer der Ferienwohnungen seinen Urlaub (ein sehr gutes Mittelklassehotel ist zum Beispiel das Krithóni Paradise in Krithóni, Tel. 02 47/2 51 20, Fax 2 46 80).

Sand-/Kiesstrände liegen vor der Haustür. Wer sich für die Kultur und Geschichte der Region interessiert, wird in dem am Ufer gelegenen **Belleniturm** ganz sicher fündig werden (tgl. 9–12 und 18–21 Uhr). Ein runder und ein eckiger Turm, die den Eingang flankieren, lassen Sie das Gebäude leicht finden.

Im weiteren Verlauf der Bucht folgen noch einige empfehlenswerte Strände, allerdings nur auf schlechter Straße zu erreichen. Vorbei an einigen Ruinen, möglicherweise den Resten eines **Artemistempels**, und dem winzigen Flughafen der Insel erreicht man das neun Kilometer von Agía Marína entfernte kleine Fischerdorf Parthéni. In der nordöstlich des Hafens gelegenen Kirche **Agía Kioúra** sind interessante Wandmalereien erhalten geblieben, die während der Diktatur in Griechenland (1967–1974) von politischen Gefangenen angefertigt wurden. Ein beschauliches Kleinod bildet der nicht weit entfernte Sand-/Kiesstrand von **Plefoúti**, wo Sie in einer guten Taverne einkehren können, die auch bei den Einheimischen beliebt ist.

Bei Parthéni befand sich während der Militärdiktatur ein Lager, in dem auch Míkis Theodorákis gefangengehalten wurde

Vom einsamen Westen ...

Zurück nach Álinda führt unsere Tour zunächst in den touristisch nur wenig erschlossenen Westen der Insel rund um die Bucht von **Goúrna**. Auf einen Badestrand und Tavernen müssen Sie trotzdem nicht verzichten. Ein beliebtes Fotomotiv stellt die Kapelle **Ágios Issidóros** auf einem Felsen im Meer dar, die über einen schmalen Betonsteg mit dem Festland verbunden ist.

Ágios Issidóros: Foto → S. 92/93

Der größte Hafen der Insel, **Lakkí,** liegt nur vier Kilometer südlich von Agía Marína und präsentiert sich doch mit einem völlig anderen Gesicht. Sein großes natürliches Hafenbecken, nur durch eine enge Zufahrt vor der bisweilen rauhen See geschützt, verleitete die italienischen Besatzer in den zwanziger Jahren dazu, hier einen Marinehafen anzulegen. Heute sind es vor allem die breiten Straßen und kubischen Bauten aus dieser Zeit, die dem Ort ein gänzlich ungriechisches Aussehen verleihen. Trotz vieler Zerstörungen im Krieg blieben gleich am Hafen eine Reihe dieser Häuser erhalten, so die Markthalle mit einem Uhrturm, das ehemalige Zollgebäude, die Marineverwaltung und das heutige Hotel Léros. Auch etliche der von den Italienern errichteten Villen sind im Stadtgebiet noch zu entdecken.

Ein großer Teil der italienischen Bauten wurde im Krieg zerstört

In unmittelbarer Nähe liegt auch die psychiatrische Großklinik, die Léros aufgrund der angeblich unmenschlichen Unterbringung der über 3000 psychisch Kranken in der Vergangenheit einen schlechten Ruf einbrachte. Die Situation hat sich gebessert, die Patientenzahl wurde verringert, doch noch immer ist der Lebensunterhalt vieler Inselbewohner mittel- oder unmittelbar mit der Existenz dieser Klinik verbunden.

Die Klinik brachte Léros einen gewaltigen wirtschaftlichen Aufschwung

... in den stillen Süden

Nach weiteren vier Kilometern ist der südlichste Ort der Insel erreicht, **Xirókambos.** Nur wenige Gäste sieht der tamariskenbestandene Sandstrand, und auch am einzigen Campingplatz von Léros ist nicht gerade viel los. Jeden Tag starten vom Hafen kleine Boote nach Kálymnos, die bei etwas stärkerer See allerdings erheblich schwanken. Östlich des Ortes stellt die idyllisch gelegene Kapelle der **Panagía tis Kavourádenas** ein beliebtes Ausflugsziel dar. Auf derselben Strecke geht es zurück nach Agía Marína.

Das Kirchlein ist zum Teil in eine Grotte hineingebaut

Dauer: Tagestour
Karte: → Klappe hinten

MIT DEM SCHIFF

Die Vulkaninsel Níssyros

Ein echtes Erlebnis ist der Abstieg in den Vulkankrater von Níssyros, wo aus Erdspalten und Löchern schweflige Dämpfe aufsteigen und uns die Kraft der Natur vor Augen führen.

Ein Highlight jeder Griechenlandreise

Ein Besuch der Vulkaninsel südlich von Kos wird überall als Tagesausflug angeboten. Inbegriffen ist dann der Bustransfer zum Krater und zurück. Wollen Sie allerdings die versteckten Schönheiten dieser Insel kennenlernen, so sollten Sie mindestens eine Übernachtung einplanen. Denn Níssyros eignet sich nicht nur für reizvolle Wanderungen, auch Flora und Fauna der Insel mit ihren seltenen Pflanzen und ihrer reichen Vogelwelt verlocken zu einem längeren Aufenthalt.

Die Ausflugsboote legen im Hafen von **Mandráki** an. Wenn Sie einen Tagesausflug gebucht haben, so warten hier bereits Busse auf den Weitertransport in den Krater. Sind Sie auf eigene Faust hier, so lohnt zunächst ein Bummel durch das Dorf selbst. Viele der rund 700 Einwohner des Hafenortes arbeiten noch als Fischer und Bauern, auch wenn der Tourismus mittlerweile eine wichtige Rolle spielt.

Im Sommer spielt sich alles Leben an der Hafenpromenade ab

Mandráki ist der Hauptort der Insel Níssyros und besitzt den einzigen Anlaufhafen für Fährschiffe.

Rast in malerischen Tavernen

Die Straße am Wasser entlang wird von zahlreichen Tavernen gesäumt, doch sehr schön sitzt man auch in den Lokalen, die in den schmalen Gassen versteckt liegen, und am schattigen Hauptplatz des Dorfes.

Die Uferstraße führt direkt zu einer hoch auf einem Kap liegenden **Johanniterburg**, wo sich auch das aus dem 14. Jahrhundert stammende **Marienkloster** an den Felsen schmiegt. Von hier oben können Sie einen guten Überblick über Mandráki gewinnen. Etwas mehr Puste benötigen Sie für einen Besuch des etwa zwei Kilometer weiter oberhalb gelegenen **Paleókastro**, Resten einer immer noch geheimnisumwitterten Festungsanlage mit einer exzellent erhaltenen antiken Stadtmauer aus sorgfältig behauenen Steinblöcken.

Die Marienikone in der Klosterkirche ist im August Ziel einer Wallfahrt

Da Busse nur äußerst spärlich verkehren (ein sich häufig ändernder Busfahrplan hängt am Hafen aus), sind Sie für eine Erkundung der Insel auf eigene Faust auf die an mehreren Stellen vermieteten Motorroller oder ein Taxi (Tel. 02 42/ 3 14 60 in Mandráki; Tel. 3 14 74 in Nikiá) angewiesen. Bei zwei- bis dreitägiger Vorbestellung kann auch ein Mietwagen organisiert werden (Nisyrian Travel, Tel. 3 14 11).

Vorbei an **Loutrá**, wo ein etwas überdimensioniertes Kurhaus auf Gäste wartet, erreicht man den zweiten Hafen der Insel, Páli. Ein netter, intim wirkender Küstenort mit einigen wenigen Tavernen und Pensionen und einem kleinen Fischerhafen – ideal zum Abspannen für einige Tage jenseits touristischer Hektik.

Oberhalb der Bucht von Páli befindet sich ein idyllischer kleiner Friedhof

Faszinierende Kraterlandschaft

In Serpentinen führt die Straße hinauf zum Kraterrand; das intensive Blau der Kornblumen und das leuchtende Gelb des Ginsters mit seinem intensiv süßen Duft begleiten vor allem im Frühjahr die Fahrt nach oben. Bis zu 400 Meter hoch ragen die Felswände rings um die **Caldera** empor; der Kesselgrund selbst liegt nur 100 bis 200 Meter über dem Meeresboden. Während ein Teil grün

Wer die Ohren spitzt, hört ein leises Zischen ...

und bewachsen ist – sogar Kühe grasen hier –, gleicht das entferntere Ende mit seinen fünf Kratern einer Mondlandschaft. Der sogenannte **Stéfanos-Krater**, mit 300 Metern Durchmesser der größte, ist auf schmalem Pfad am einfachsten zu erreichen. Die blubbernden und zischenden Öffnungen in seinem Grund führen die immensen Kräfte vor Augen, die hier im Erdinneren schlummern. Allerdings ist der Vulkan zum letzten Mal Ende des 19. Jahrhunderts ausgebrochen, und die Vulkanologen rechnen nicht mit weiteren Eruptionen. Übrigens: Wenn es gelänge, die hier gespeicherte »kostenlose« Energie zu nutzen, könnte die gesamte Inselwelt des Dodekanes mit Strom versorgt werden...

Der letzte Ausbruch ereignete sich 1873

Faszinierend ist auch das weiß-gelb-braune Farbenspiel der Erde im Vulkan, wenngleich die Schwefeldämpfe nicht gerade zu einem längeren Aufenthalt verleiten. Oberhalb des Kraters werden in einem kleinen Kafeníon Erfrischungen angeboten, doch nachmittags ab 15 Uhr, wenn die letzten Busse abgefahren sind, kehrt Ruhe ein.

Bilderbuchdörfer am »Schlund« des Vulkans

Ein besonderes Kleinod der Insel sind die Orte **Embórios** und **Nikiá** direkt am Kraterrand. In beiden Dörfern kann man von mehreren Stellen aus auf der einen Seite in den Kratergrund sehen, auf der anderen Seite reicht der Blick weit über das Meer. Im ganz oben gelegenen Nikiá, 14 Kilometer von Mandráki entfernt, leben nur noch rund 70 Menschen, viele der Häuser sind verlassen. Schmale, nur ein bis zwei Meter breite Gassen durchziehen das Dorf; die Häuser sind weiß gekalkt, lediglich die meist blauen Fenster und Türen setzen markante Farbtupfer. Am Dorfplatz mit seinem schönen Kieselmosaikboden lädt ein traditionelles Kafeníon zur Rast ein, zwei weitere nette Tavernen im Ort bieten Kräftigeres. Ein herrliches Plätzchen zum Verweilen und Durchatmen, denn nur wenige Touristen verirren sich hier herauf.

In der Kirche von Nikiá sind einige Ikonen aus dem 17. Jahrhundert sehenswert

Ein Wanderweg führt von Nikiá, vorbei am Kloster **Ágios Ioánnis Theológos**, in einer Stunde hinunter zum Stéfanos-Krater. Auf der Rückfahrt können Sie rechts unterhalb der Straße noch dem idyllisch gelegenen, verlassenen Kloster **Kirá** einen Besuch abstatten; es steht Besuchern offen.

Embórios mit seinen engen Gassen und vielen verlassenen Häusern wirkt ein wenig wie ein »vergessenes« Bergdorf. Kaum mehr als 20 Bewohner werden heute noch gezählt. Direkt am Straßenrand wenige Meter vor dem Ort können Sie in einer Höhle eine natürliche »Sauna« aufsuchen, vom Erdinneren beständig aufgeheizt. Die einzige Taverne des Ortes erlaubt von ihrer Terrasse aus einen weiten Blick über den Krater und seine bis hoch hinauf terrassierten Hänge, die auf eine einst weitaus zahlreichere Bewohnerschaft verweisen. Die Auswahl in der Taverne ist bescheiden, doch ist das Essen schmackhaft und vor allem das Ambiente von einer bemerkenswerten Stille geprägt. Der richtige Flecken für echte Griechenlandfans ...

Atemberaubend anzusehen: Embórios

In der Ortstaverne von Embórios finden die Griechenland-Liebhaber ihr Idyll

Ausgangspunkt: Schiffe starten von Kos-Stadt, Kardámena und Kamári. Fahrkarten gibt es direkt bei den Schiffen oder in einem der zahlreichen Reisebüros
Übernachtung: zahlreiche Unterkunftsmöglichkeiten in Mandráki und Páli (zum Beispiel Three Brothers direkt am Hafen von Mandráki, Tel. 02 42/3 13 44; Hotel Hellinis in Páli, Tel. 02 42/3 14 53)
Dauer: Tagestour, empfehlenswert ist jedoch ein mindestens zweitägiger Aufenthalt
Karte: → Klappe vorne

Solfataren am Calderaboden sind die sichtbaren Zeugen vulkanischer Tätigkeit.

MIT DEM SCHIFF

ROUTEN UND TOUREN

Zur »heiligen Insel« Pátmos

Herrliche Buchten und langgezogene Sand-/Kiesstrände vor abwechslungsreicher Landschaft machen Pátmos, das durch den Evangelisten Johannes Berühmtheit erlangte, zu einem besonderen Tip.

TOPTEN
6

Pátmos hat rund 2500 Einwohner

Läuft man mit dem Schiff in **Skála** ein, dem zentral gelegenen Hafen der Insel, so präsentiert sich Ihnen ein eindrucksvolles Panorama: unten die quirlige Hafenstadt, hoch oben, fast ein wenig dem irdischen Treiben entrückt, die weißen Häuser der Chóra mit dem trutzigen Kloster in ihrer Mitte. Vor allem wer am Abend ankommt, wird ein einzigartiges Lichterspiel genießen können. Nicht selten liegen gleich mehrere Kreuzfahrtschiffe im oder außerhalb des Hafenbeckens, die große Besucherscharen für wenige Stunden an Land bringen. Touristisches Treiben bestimmt denn auch diesen Hafenort mit seinen zahlreichen Hotels und Pensionen, Cafés und Tavernen sowie einer Reihe attraktiver Geschäfte.

Fromme Pilger sind inzwischen deutlich in der Minderheit

Zwei Ziele stehen auf dem Programm aller Touristengruppen: das Offenbarungs- und das Johanneskloster. Sind Sie nicht mit einer Gruppe

Im Hafenort Skála schlägt das touristische Herz der Insel. Der Anblick des Städtchens vom Wasser aus ist einer der überwältigendsten Eindrücke der Ägäis.

MIT DEM SCHIFF

unterwegs, für die meist Busse auf den Weitertransport warten, können Sie diese Ziele sowohl zu Fuß, mit dem öffentlichen Bus, per Taxi oder mit einem Motorroller oder Mietwagen erreichen, die Ihnen im Hafen an mehreren Stellen angeboten werden. Für eine Rundreise über die Insel, die auch zu abgelegeneren Stränden führt, sind Sie auf jeden Fall auf ein motorisiertes Gefährt angewiesen.

Tankstellen gibt es nur in Skála und in Kámbos

Die göttliche Offenbarung des Johannes

Von Skála aus geht es in Serpentinen hoch in die Berge, fast nach jeder Kurve eröffnet sich eine neue Perspektive auf die Insel. Auf halber Strecke – den Parkplatz in einer Kurve übersieht man

Das Kloster liegt 260 Meter hoch – ein atemberaubender Anblick

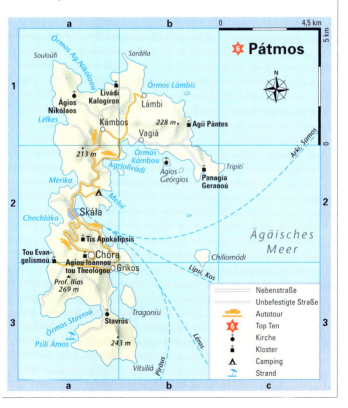

Achtung: Fotografieren ist in der Grotte verboten!

leicht – liegt das Offenbarungskloster (**Moní tis Apokálipsis**). Ziel der Besucher ist die **Grotte der Apokalypse**, um die herum das Kloster errichtet wurde. Hier hat, so will es die Legende, der Evangelist Johannes seine göttliche Offenbarung (Apokalypse) seinem Schüler Próchoras diktiert. In der rechten Wand befinden sich zwei mit Silber eingefaßte Nischen, in die eine soll Johannes sein müdes Haupt gebettet, in die andere soll er während des Diktierens die Hand aufgestützt haben. Ein dreispaltiger großer Riß im Gestein wird als Symbol der heiligen Dreifaltigkeit verehrt (Mo, Mi, Fr, Sa 8.30–14, So, Di, Do 8.30–13 und 16–18 Uhr, Eintritt frei).

Angemessene Kleidung ist Pflicht

Gleich hinter der Bushaltestelle von Chóra geleiten Souvenirläden und Stände die Besucher hinauf zum Eingang des **Johanneskloster**s. Ein rüder Torwächter weist alle zurück, die seiner Meinung nach unziemlich gekleidet sind (Knie und Schultern müssen bedeckt sein). Das im 11. Jahrhundert gegründete Kloster erfuhr in den folgenden Jahrhunderten zahlreiche An- und Umbauten, die ein in ihrer Gesamtheit verschachteltes Gebilde ergaben.

Rundgang durch das Johanneskloster

Beachten Sie im Klosterhof die Fresken der vier Evangelien

Unter einer Pechnase am Klostertor hindurch kommt man in den mit farbigen Kieselsteinen ausgelegten Klosterhof. Zur Linken erstreckt sich die Hauptkirche der Anlage, das sogenannte **Katholikon**. Dessen überdachte Vorhalle (Exonarthex) zeigt Wandmalereien aus den letzten drei Jahrhunderten. Die drei davon abgehenden holzgeschnitzten Türen stammen aus dem 17. Jahrhundert. Die rechte, meist verschlossene, führt in die Kapelle des Christódoulos mit dem Sarkophag des gleichnamigen Klostergründers. Die beiden anderen öffnen sich zur inneren geschlossenen Vorhalle (Esonarthex). Die schon stark angegriffenen Wandmalereien entstanden in der Zeit um 1600. Die Hauptkirche selbst, in Form einer Kreuzkuppelkirche errichtet, datiert noch aus den Anfängen der Klostergründung im 12. Jahrhundert. Teile des Fußbodens aus Steinmosaiken und Marmorplatten stammen aus einer alten Basilika (4. Jahrhundert). Die hölzerne Ikonostase aus dem Jahr 1820 ist verschwenderisch mit Blattgold überzogen.

Die danebenliegende Schatzkammer des Klosters mit seltenen und wertvollen Reliquien ist normal Sterblichen nicht zugänglich. An die Südwand schließt die **Kapelle der Jungfrau Maria** an, deren hölzerne Ikonostase aus dem Jahr 1607 stammt. In dieser Kapelle konnte man sogar – einst übermalte – byzantinische Wandmalereien aus dem 12. Jahrhundert freilegen. Über einen kleinen Innenhof erreicht man von hier aus das frühere **Refektorium**, den Speisesaal der Mönche, ebenfalls aus der Gründungszeit des Klosters. Rings um die langen Steintische sind zahlreiche Fresken zu sehen, die zum Teil aus dem 13. Jahrhundert datieren.

Die Marienkapelle ist mit Wandmalereien aus dem 12. Jahrhundert geschmückt

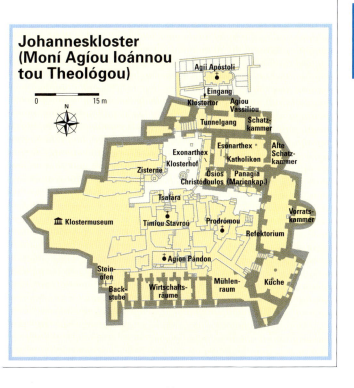

Der Klosterschatz von Pátmos gilt als einer der bedeutendsten Griechenlands

Zurück auf dem Klosterhof und vorbei an einem kleinen Verkaufsstand geht es nun Richtung Klostermuseum. Unterwegs kann man noch einen Blick in die **Alte Backstube** werfen und den riesigen Steinofen bewundern. Das **Museum** stellt einen Teil des reichen Klosterschatzes aus, darunter zahlreiche wertvolle Handschriften und Bücher – das älteste Manuskript ist ein Purpurkodex aus dem 6. Jahrhundert –, Ikonen, liturgische Gewänder und Kirchengerät (So 10–13 und 16–18, Mo, Mi, Fr, Sa 8–13, Di, Do 8–13 und 16–18 Uhr; Eintritt 500 Drs.).

Reizvoll: ein Bummel durchs Dorf

Chóra ist unbestritten eines der idyllischsten Inselstädtchen des Ägäischen Meeres

Doch auch jenseits des Klosters ist Chóra einen Spaziergang wert. Hinter den meist weißgekalkten Fassaden an schmalen Gassen verbergen sich häufig vornehme Herrenhäuser mit reichbepflanzten Innenhöfen. Im Zentrum an der Platía Lesvías können Sie bei Vangelis in einem romantischen Garten eine Stärkung zu sich nehmen oder das klassizistische Rathaus an der Platía Lóza bewundern. Zu Fuß sind Sie übrigens in 45 Minuten wieder zurück am Hafen.

3,5 Kilometer südöstlich von Skála erstreckt sich mit **Grίkos** der zweite wichtige Urlaubsort der Insel. Der langgezogene Sandstrand ist mit Tamarisken bestanden, Tavernen und Unterkunftsmöglichkeiten sind in ausreichender Zahl vorhanden. In südlicher Richtung folgen um eine lagunenartige Landschaft herum noch mehrere

Wenn irgend möglich, sollten Sie die ehrwürdigen Mauern des Johannesklosters in der Vor- oder Nachsaison besuchen – dann ist die besondere Atmosphäre dieses Ortes noch spürbar.

einladende Kieselsteinstrände. Der beliebteste Strand der Insel, **Psilí Ámos**, ist nur zu Fuß (eine Stunde von Gríkos) oder mit dem Boot ab Skála erreichbar. Eine herrliche Sandbucht mit Tamarisken und eine Taverne entschädigen für die Mühe.

Der berühmteste Sandstrand der Insel

Besuch im Nonnenkloster

Einen Besuch wert ist das Nonnenkloster **Moní tou Evangelismoú** westlich von Chóra. Vom blumenübersäten Innenhof genießt man einen weiten Blick über die Hügellandschaft. Die Nonnen verkaufen leckeren selbst hergestellten Thymianhonig und Stickereien mit byzantinischen Mustern (tgl. 9–11 und 17–17.30 Uhr während der Messe; nur mit Rock und bedeckten Schultern).

Das Kloster wurde 1937 gegründet

Die Fahrt von Skála in den Norden der Insel führt zu mehreren hübschen Stränden, die sich alle gut für eine Erfrischung in den Fluten eignen. Die Bucht von **Meloi** liegt nur 2,5 Kilometer von Skála entfernt; hier befindet sich auch der einzige und sehr schöne kleine Campingplatz von Pátmos. Im dazugehörigen Restaurant können Sie übrigens gut und preiswert essen. Hier wie in der folgenden Bucht **Agriolivádi** bieten Tamarisken etwas Schatten auf dem Sand-/Kiesstrand.

Die Bucht ist bei Rucksacktouristen beliebt

Mehrere Tavernen, Liegestühle und Sonnenschirme warten am Strand von **Kámbos** auf Gäste. Weitere kleine Strände östlich davon sind am besten zu Fuß zu erreichen. Ganz im Norden, acht Kilometer von Skála entfernt, erstreckt sich die Bucht von **Lámbi**. Der Strand ist vor allem für seine extravaganten Kieselsteine bekannt. In der kleinen Taverne direkt am Meer unter Tamarisken sitzend sollten Sie sich die Spezialität des Hauses, am Tisch flambierten Käse, nicht entgehen lassen.

Steinchen in verschiedenen Rottönen – ein Mekka für Sammler

Vermittlung von Unterkünften auf Pátmos: Apollon, direkt am Hafen von Skála, Tel. 02 47/3 12 24, Fax 3 18 19
Dauer: Tagesausflug von Kos-Stadt aus mit schnellen Tragflächenbooten; ein mehrtägige Aufenthalt ist jedoch sehr empfehlenswert
Karte: → S. 101

MIT DEM SCHIFF

Badeausflug nach Psérimos

Das kleine Eiland, zwischen Kos und Kálymnos gelegen, wird im Sommer von Kos-Stadt und Póthia auf Kálymnos angesteuert.

Die meisten Besucher verbringen den Tag am feinsandigen Strand des Ortes, an dem Sonnenschirme und Liegestühle bereitstehen und einige Tavernen auf Gäste warten

Honig wird überall angeboten

Am späten Vormittag, wenn die Boote anlegen, bevölkert sich der Strand der Insel rasch. Am späten Nachmittag hat der Spuk dann ebenso schnell wieder ein Ende. Große Sehenswürdigkeiten hat die Insel auch nicht zu bieten, und dennoch steht eine Reihe von Gästezimmern zur Verfügung für all diejenigen, die einen geruhsamen Urlaub verbringen wollen. Hier stört kein lärmender Autoverkehr die Ruhe. Die wenigen Einwohner der Insel, die erst seit wenigen Jahren an das Stromnetz angeschlossen ist, leben von ihren Schafen und Ziegen, vom Fischfang und der Honiggewinnung. Doch seit einigen Jahren hat der Tourismus an Bedeutung zugenommen. Das Wasser beziehen die Inselbewohner von einer Quelle in den Bergen; das Quellhaus ist in einem halbstündigen Spaziergang vom Ort aus zu erreichen.

Dauer: Tagestour
Karte: → Klappe vorne

Tagesausflügler erholen sich am Strand von Psérimos. Wenn die heißesten Stunden des Tages vorbei sind, wird es hier und im Dorf wieder ruhig.

MIT DEM SCHIFF

Ein Tag in Bodrum (Türkei)

Die türkische Küste liegt nicht nur in Sichtweite, mit der Hafenstadt Bodrum haben Sie auch ein attraktives Ausflugsziel direkt vor der Haustür.

Da der Aufenthalt in der Türkei für Kos-Urlauber auf einen Tag begrenzt ist, können Sie bei dem etwa fünfstündigen Aufenthalt in Bodrum, wie ihn die Touren vom Hafen von Kos-Stadt aus gewähren, nur einen ersten Überblick gewinnen.

Trotzdem lohnt die Fahrt, allein schon des bunten **Basarviertels** wegen, das Sie nur wenige Schritte von der Anlegestelle der Fähren entfernt erreichen. In den meist schattigen Gassen erwartet Sie ein breites Angebot an Obst und Kräutern, Teppichen und Souvenirs. Und natürlich zahlreiche Cafés und Restaurants mit vielen Leckereien. Bummeln Sie einfach durch das Gassengewirr, und genießen Sie die besondere Atmosphäre.

Bodrum gilt als einer der attraktivsten Urlaubsorte der Türkei

Ebenfalls direkt am Hafen erstreckt sich die mächtige **Johanniterburg St. Peter**. Das dortige Museum für Unterwasser-Archäologie vermittelt einen anschaulichen Einblick in die Arbeitsbedingungen und Methoden dieses Berufes. Etwas weiter entfernt, jedoch bequem zu Fuß zu erreichen, das **Mausoleum von Halikarnássos**, wie die Stadt früher genannt wurde. Dieses berühmte Grabmal ist zwar weitgehend zerstört, doch Funde, Rekonstruktionen und Modelle vermitteln einen guten Eindruck seiner einstigen Pracht.

Die Ruinenlandschaft wird seit 1966 von dänischen Archäologen freigelegt

Ausgangspunkt: Hafen von Kos-Stadt; hier können Sie am Tag vorher direkt an den Booten oder in einem Reisebüro buchen. Bisweilen werden auch von anderen Ferienorten der Insel aus Touren nach Bodrum angeboten, dann ist der Bustransfer nach Kos-Stadt inbegriffen. Personalausweis nicht vergessen!

Dauer: Tagesausflug
Karte: → Umschlag Rückseite

KOS VON A–Z

WICHTIGE INFORMATIONEN

Auskunft

Griechische Zentrale für Fremdenverkehr
In Deutschland
– Neue Mainzer Str. 22
60311 Frankfurt/Main
Tel. 0 69/23 65 61-63, Fax 23 65 76

– Wittenbergplatz 3a
10789 Berlin
Tel. 0 30/2 17 62 62-63
Fax 2 17 79 65

– Abteistr. 33
20149 Hamburg
Tel. 0 40/45 44 98, Fax 44 96 48

– Pacellistr. 2
80333 München
Tel. 0 89/22 20 35, Fax 29 70 58

In Österreich
Opernring 8
1015 Wien
Tel. 02 22/5 12 53 17, Fax 5 13 91 89

In der Schweiz
Löwenstr. 25
8001 Zürich
Tel. 01/2 21 01 05, Fax 2 12 05 16

Auf Kos
Städtisches Fremdenverkehrsbüro
▪ c 3, S. 35
Odós Vassiléos Georgíou 1
Tel. 02 42/2 87 24 und 2 44 60
Tgl. 7.30–21 Uhr

Auf Léros
Touristeninformation
Direkt am Kai im Hafen von Lakkí
Tgl. 9–12 Uhr und bei Ankunft der Fähren

Auf Patmos
Städtische Tourismusinformation
Im Rückgebäude des Hafenamts
Tel. 02 47/3 11 58, Fax 3 10 58

Bevölkerung

Auf Kos leben derzeit etwas mehr als 20 000 Menschen. Die Hälfte von ihnen hat sich in Kos-Stadt niedergelassen, so daß diese das unumstrittene Zentrum darstellt. Die nächstgrößeren Ortschaften sind eher große Dörfer, so etwa Kéfalos mit seinen ungefähr 5000 Einwohnern oder Pilí mit etwa 1700 Einwohnern. Während der Sommermonate dagegen scheint die Insel regelrecht zu explodieren – bisweilen verbringen bis zu 60 000 Touristen gleichzeitig ihren Urlaub auf Kos. Die traditionellen Erwerbszweige der Bevölkerung, Landwirtschaft, Fischfang und Seefahrt, hat der Touristenboom längst in die zweite Reihe gedrängt; junge Leute arbeiten kaum noch in der Landwirtschaft.

Wie überall in Griechenland fühlen sich fast alle Bewohner der christlich-orthodoxen Religion zugehörig, auf Kos leben jedoch noch einige hundert Moslems.

Diplomatische Vertretungen

Deutsche Botschaft
Odós Karaoúli ke Dimitríou 3
10675 Athen
Tel. 01/7 28 51 11, Fax 7 25 12 05

Honorarkonsulat der Bundesrepublik Deutschland
Párodos Isiódou 12
85100 Rhodos-Stadt
Tel. und Fax 02 41/6 37 30

Österreichische Botschaft
Leofóros Alexándras 26
10683 Athen
Tel. 01/8 21 68 00, Fax 8 21 98 23

Schweizer Botschaft
Odós Iassíou 2
11521 Athen
Tel. 01/7 23 03 64, Fax 7 24 92 09

Feiertage

An nationalen Feiertagen sind alle Büros, Banken, Behörden und Geschäfte – von Souvenirläden, Reisebüros und Autovermietungen abgesehen – geschlossen.

1. Januar	Neujahr
6. Januar	Dreikönigstag
25. März	Tag der Unabhängigkeit
Ostern	Das orthodoxe Osterfest fällt normalerweise nicht mit unserem Osterfest zusammen, da es auf dem Julianischen Kalender basiert. Die nächsten Termine: 11. April 1999, 30. April 2000. Auch Karfreitag und Ostermontag sind Feiertage.
1. Mai	Tag der Arbeit
Pfingsten	50 Tage nach dem orthodoxen Osterfest
15. August	Mariä Himmelfahrt
28. Oktober	Òchi-Tag (Nationalfeiertag)
25./26. Dezember	Weihnachten

Fernsehen

Die griechischen Programme senden häufig Filme in Originalsprache mit griechischen Untertiteln, in der Mehrzahl handelt es sich um englischsprachige Filme. Einige Hotels können deutschsprachige Sender über Satellit empfangen.

FKK

Offiziell ist Nacktbaden verboten, wird jedoch an einigen abgelegenen Stränden praktiziert. »Oben ohne« hat sich an den meisten Stränden weitgehend durchgesetzt. Man sollte sein Verhalten jedoch auf die jeweiligen Umstände abstimmen, da die Moralvorstellungen der meisten Griechen nicht unseren heimischen entsprechen.

Das Kafeníon von Embórios auf Níssyros liegt am Rand des Kraters. Hier gibt's »Greek coffee« und andere Getränke, aber keine Speisen.

KOS VON A–Z

WICHTIGE INFORMATIONEN

Fotografieren

Beim Fotografieren von Einheimischen sollten Sie, wie überall, die notwendige Zurückhaltung wahren und lieber um Einverständnis bitten. Das Fotografieren von Flughafen, militärischen Anlagen und Militärfahrzeugen ist strengstens untersagt. In archäologischen Stätten dürfen Sie normalerweise fotografieren, in den Museen ist die Benutzung eines Blitzlichts allerdings nicht gestattet. Für die Verwendung von Videokameras müssen Sie hier eine gesonderte Gebühr entrichten.

Vielerorts können Sie auf der Insel Filme kaufen, auch werden Farbnegative zum Teil innerhalb von einer Stunde entwickelt. Schwieriger ist es, vor Ort Dia-Filme zu erhalten. Am besten bringen Sie Ihr Filmmaterial von zu Hause mit, denn häufig werden Filme in den Geschäften nicht sachgerecht gelagert. Teurer sind die Filme in Griechenland ohnehin.

Geld

Griechische Währungseinheit ist die Drachme (Drs.). Im Umlauf sind Banknoten zu 50, 100, 500, 1000, 5000 und 10 000 Drachmen sowie Münzen zu 1, 2, 5, 10, 20, 50 und 100 Drachmen. Die Einteilung einer Drachme in 100 Lepta spielt aufgrund des geringen Werts im Zahlungsverkehr keine Rolle mehr.

Es empfiehlt sich, Devisen in Griechenland einzutauschen, da dort der Wechselkurs weitaus günstiger ist. Aufgrund der Inflation unterliegt der Wechselkurs Schwankungen, im Dezember 1998 lag der Kurs bei 0,57 DM für 100 Drs.

Die **Banken** sind montags bis donnerstags 8 bis 14, freitags 8 bis 13.30 Uhr geöffnet. Bei einigen Banken können Sie jedoch an Geldautomaten rund um die Uhr Bares abheben, so z. B. in der National Bank in Kos-Stadt. Hier kann auch Ihre Eurocheque-Karte mit Geheimzahl zum Einsatz kommen, ebenso

Wechselkurse

GR	D	CH	A
Drachmen	Mark	Franken	Schilling
50	0,28	0,23	2,00
100	0,57	0,46	4,01
200	1,14	0,92	8,02
300	1,71	1,38	12,03
500	2,85	2,30	20,05
750	4,27	3,45	30,07
1000	5,70	4,60	40,10
1500	8,55	6,90	60,15
2500	14,25	11,50	100,25
3500	19,95	16,10	140,35
4500	25,65	20,70	180,45
5000	28,50	23,00	200,50
10 000	57,00	46,00	401,00

Nebenkosten
(umgerechnet in DM)

- 1 Tasse Kaffee 2,00–5,00
- 1 Bier 3,50–6,00
- 1 Cola 1,50–3,50
- 1 Brot (ca. 500g) 1,00-2,00
- 1 Schachtel Zigaretten 3,20–4,00
- 1 Liter Benzin 1,40
- Fahrt mit öffentl. Verkehrsmitteln (Einzelfahrt) 1,30
- Mietwagen/Tag .... ab 70,00

wie Visa und Eurocard. Auch **Postämter** nehmen Geldwechsel vor (Mo–Fr 7.30–14.30 Uhr). Eurocheques müssen in Drachmen ausgefertigt werden, der Höchstbetrag für einen Scheck liegt bei 45 000 Drs. **Kreditkarten** wie Eurocard und Visa werden von vielen Hotels, Restaurants und Mietwagenfirmen akzeptiert. Devisen dürfen in beliebiger Höhe ein- und ausgeführt werden.

Kleidung

Auch in den heißen Sommermonaten sollten Sie wegen der mitunter frischen abendlichen Brise vom Meer her einen Pullover dabei haben. An felsigen Stränden und auf heißem Sand erweisen sich Badeschuhe als sehr hilfreich, eine Kopfbedeckung als Sonnenschutz ist angebracht. Vor allem im Frühjahr und Herbst gehört Regenschutz ebenso ins Gepäck wie wärmere Übergangskleidung.

Wanderer sollten neben einer Wasserflasche feste Schuhe und lange Hosen nicht vergessen, da sonst niedriges Buschwerk unangenehme Verletzungen hinterlassen kann.

Auch wenn die einheimische Bevölkerung einiges gewohnt ist: In Badehose und Bikini sollten Sie selbstverständlich nicht durch Dörfer und Städte laufen. Für den Besuch von Kirchen und vor allem Klöstern gelten besondere Bekleidungsvorschriften: Kurze Hosen und ärmellose T-Shirts und Blusen sind nicht erlaubt.

Medizinische Versorgung

Eine medizinische Grundversorgung ist in Griechenland überall gewährleistet, jedoch liegt der Standard der medizinischen Betreuung unter dem bei uns üblichen. Bei schweren Erkrankungen sind Rücktransport und Behandlung im Heimatland zu empfehlen. Griechenland hat mit Österreich und Deutschland ein Sozialversicherungsabkommen abgeschlossen, so daß im Prinzip die Be-

Der Wind weht meist recht kräftig auf Kos – den romantischen Anblick einer Windmühle wird man dennoch nur selten genießen können.

KOS VON A–Z

handlung kostenlos ist. Doch ist das Ganze eine etwas umständliche Prozedur: Sie beantragen vor Reiseantritt bei Ihrer Krankenkasse einen besonderen Berechtigungsschein, den Sie vor Ort bei der griechischen Krankenkasse IKA eintauschen müssen, die Ihnen dann Kassenärzte benennt. Wesentlich einfacher ist es, Sie schließen zu Hause eine private Krankenversicherung ab (ab 12 DM pro Jahr), bezahlen die Arztkosten beim Arzt Ihrer Wahl bar und reichen dann die Quittung der privat beglichenen Rechnung bei dem Versicherer ein. Behandlungen in Notfällen und in Ambulanzen sind für Ausländer kostenlos.

Apotheken (**Farmakion**) sind durch ein rotes Kreuz erkennbar. Hier bekommen Sie zahlreiche Medikamente rezeptfrei, Sie können sich jedoch nicht darauf verlassen, jedes bei uns gängige Medikament auch in Griechenland zu erhalten.

Notruf

Überall auf Kos ist unter der Nummer 2 21 00 die Polizei zu erreichen.

Politik

Zwei große politische Parteien bestimmen das Geschehen in der politischen Landschaft. Auf der einen Seite die sozialdemokratische **Pasok**, auf der anderen die konservative **Néa Dimokratía**. Noch stärker als bei uns sind die politischen Parteien von Personen geprägt und weniger von Programmen, so daß Entscheidungen in den Parteien von oben nach unten weitergeleitet werden.

Unabhängig von den Parteien ist die politische Diskussion neben den wie überall im Vordergrund stehenden wirtschaftlichen Problemen von einem Nationalismus geprägt, der im zusammenwachsenden Europa befremdlich wirkt.

Die genauen Klimadaten von **Kos-Stadt**

	Januar	Februar	März	April	Mai	Juni	Juli	August	September	Oktober	November	Dezember
Durchschnittl. Temp. in °C – Tag	13,8	14,2	15,9	19,1	23,6	28,1	31,0	31,5	27,7	23,1	19,1	15,7
Durchschnittl. Temp. in °C – Nacht	5,0	5,4	6,7	9,1	12,2	15,9	18,0	18,4	16,4	13,0	10,2	7,0
Sonnenstunden pro Tag	4,0	4,8	5,7	7,7	9,6	11,0	12,5	11,1	9,0	6,7	4,4	3,3
Regentage	13	11	9	7	5	2	1	1	5	9	12	15
Wassertemp. in °C	14	14	14	16	18	21	23	24	23	21	18	16

Post

Das Porto für Briefe und Karten nach Mitteleuropa beträgt einheitlich 120 Drs. Mit einer Beförderungszeit von mindestens einer Woche müssen Sie rechnen. An den Verkaufsstellen der Postkarten sind meist auch Briefmarken erhältlich, gegen einen kleinen Aufschlag. Die Postämter sind Mo–Fr 7.30–14.30 Uhr geöffnet.

Reisedokumente

Für Erwachsene genügt ein gültiger Personalausweis. Kinder unter 16 Jahren benötigen einen Kinderausweis mit Lichtbild oder einen Eintrag im Paß der mitreisenden Eltern.

Reisewetter

Von Anfang Mai bis Ende Oktober herrscht auf Kos und den Nachbarinseln Saison. Das Wetter ist in dieser Zeit relativ stabil, also warm und trocken, vor allem im Frühjahr und Herbst sollte man allerdings auf Regenschauer gefaßt sein. Vor allem während der Hauptreisezeit Juli und August steigt die Quecksilbersäule tagsüber oft auf weit über 30° C an. Doch selbst in dieser Zeit sorgen Winde aus nördlicher und nordwestlicher Richtung für Abkühlung. In der übrigen Zeit bescheren sie häufig kühle Abende, für die man entsprechende Kleidung mitnehmen sollte.

Ab Mai erreicht das Meer Badetemperaturen, die bis in den Oktober anhalten.

Bis auf ganz wenige Ausnahmen haben in der Zeit von November bis April die meisten Hotels und auch viele Restaurants geschlossen, auch wenn häufig milde Temperaturen zu verzeichnen sind.

Rundfunk

Der staatliche griechische Rundfunk sendet täglich ab 7.30 Uhr (sonntags ab 7.15 Uhr) Nachrichten und Wetterberichte in mehreren europäischen Sprachen. Mit einem Kurzwellenempfänger kann man den Sendungen der Deutschen Welle lauschen.

Sprache

In vielen Hotels und Restaurants wird Deutsch gesprochen, ansonsten können Sie sich meist zumindest in Englisch verständigen. Fast alle Schilder in den touristischen Regionen weisen nicht nur eine griechische Beschriftung, sondern auch eine Umschrift in lateinischen Buchstaben auf. Da letztere selbst vor Ort häufig uneinheitlich ist (z. B. Pyli oder Pilí), wurde in diesem Reiseführer versucht, die griechischen Namen so zu schreiben, daß die richtige Aussprache erleichtert wird. Achten Sie bei der Aussprache vor allem auf die richtige Betonung: Die mit einem Akzent versehene Silbe wird betont.

Ihre Gastgeber freuen sich, wenn Sie zumindest einige Höflichkeitsworte in der Landessprache beherrschen, was auch nicht schwerfällt (→ Sprachführer, S. 118).

Stromspannung

220 Volt Wechselstrom; die bei uns üblichen Stecker passen meist.

Telefon

Vorwahlnummern
D, A, CH → GR 00 30
GR → D 00 49
GR → A 00 43
GR → CH 00 41

Anschließend wählen Sie die Vorwahl der gewünschten Stadt, wobei deren erste Null wegzulassen ist, also anstatt 0 30 für Berlin nur 30.

Vorwahlen für die Inseln
Kos, Níssyros, Psérimos 02 42
Kálymnos 02 43
Léros, Pátmos 02 47

Für das Telefonieren ist in Griechenland nicht die Post, sondern die staatliche Telefongesellschaft OTE zuständig. Sie ist in größeren Ortschaften mit Filialen vertreten. Die öffentlichen Fernsprechapparate sind überwiegend auf Kartenbetrieb umgestellt; Karten erhalten Sie in Supermärkten, an Kiosken und bei der OTE. Ein Drei-Minuten-Gespräch nach Deutschland, Österreich oder in die Schweiz kostet etwa 1100 Drs. Für Telefongespräche vom Hotel aus müssen Sie mit erheblichen Gebührenaufschlägen rechnen.

Schwammfischerei ist die traditionelle Erwerbsquelle der Kalymnier.

Tiere

Für die Mitnahme von Hunden und Katzen benötigen Sie ein amtstierärztliches Gesundheitszeugnis in englischer Sprache, das nicht älter als 14 Tage sein darf, sowie eine Tollwut-Impfbescheinigung, die nicht älter als 12 Monate sein darf.

Trinkgeld

Wie international üblich, sind bei zufriedenstellendem Service 5 bis 10 Prozent des Rechnungsbetrages angemessen.

Wirtschaft

Landwirtschaft, Fischfang und Handel waren einst die bedeutenden Wirtschaftszweige auf Kos und seinen Nachbarinseln. Doch wie überall in Griechenland hat deren Bedeutung während der letzten zwei Jahrzehnte stark abgenommen. Das Mittelmeer ist über weite Strecken beinahe leergefischt, so daß nur noch wenige Fischer hier ihr Auskommen finden. Und auch Landwirtschaft lohnt sich nur noch für weni-

ge Menschen, vor allem junge Leute ziehen eine Arbeit in anderen Berufszweigen vor. Tourismus heißt das neue Zauberwort, und immer mehr Bewohner sind von diesem Erwerbszweig direkt oder indirekt abhängig. Sei es als Betreiber von Tavernen, Hotels und Pensionen, als Beschäftigte im Dienstleistungsgewerbe oder im ebenfalls damit verbundenen Bau- und Transportwesen. Doch auch dieser Erwerbszweig ist von Unsicherheiten geprägt, wie die schwankenden Touristenzahlen in Griechenland während der letzten Jahre zeigen. Mittlerweile arbeiten fast zwei Drittel aller Beschäftigten in Bereichen, die direkt oder indirekt mit dem Tourismus verknüpft sind. Dies hat zumindest zu einem relativen Wohlstand geführt, denn während die Dodekanes-Inseln einst zu den ärmsten Regionen Griechenlands zählten, gehören die Inselbewohner heute hinsichtlich des durchschnittlichen Pro-Kopf-Einkommens zu den Spitzenverdienern des Landes.

Kein Klischee, sondern in beinahe jedem Weiler zu finden – das beliebte Postkartenmotiv.

Zeitungen

Deutschsprachige Zeitungen und Zeitschriften sind in begrenzter Auswahl während der Saison in allen größeren Orten – meist einen Tag nach Erscheinen – erhältlich.

Zeitverschiebung

In Griechenland gilt die Osteuropäische Zeit (OEZ). Ganzjährig müssen Sie die Uhr um eine Stunde vorstellen. Um 12 Uhr unserer Zeit ist es also in Griechenland 13 Uhr.

Zoll

Seit einigen Jahren sind die Zollkontrollen an den Binnengrenzen der Europäischen Union entfallen (nicht jedoch etwaige Sicherheitskontrollen). Mengenmäßige Ein- und Ausfuhrbeschränkungen für Tabak, Alkohol etc. gibt es somit innerhalb der EU nicht mehr. Es muß allerdings erkennbar sein, daß die Waren, die Sie mitführen, ausschließlich für den Privatgebrauch bestimmt sind. Sollten die Grenzbehörden den Verdacht haben, daß Sie mit den Waren handeln, werden Sie zur Versteuerung herangezogen.

Folgende Mengenbeschränkungen gelten für Staatsangehörige von Drittländern wie der Schweiz sowie beim Einkauf im Duty-free-Shop: 200 Zigaretten und 100 Zigarillos oder 50 Zigarren oder 250 g Tabak, 1 l Spirituosen oder 2 l Likör und 2 l Wein; 50 g Parfüm oder 250 ml Eau de Toilette (alle Angaben pro Person).

GESCHICHTE AUF EINEN BLICK

Ca. 3500 v. Chr.
Erste nachgewiesene Siedlungsspuren auf Kos und den Nachbarinseln.

1600 v. Chr.
Kretische Minoer gründen auf Kos eine Kolonie mit Hafen.

1200 v. Chr.
Kos und einige Nachbarinseln nehmen nach Homer mit 30 Schiffen am Trojanischen Krieg teil.

Ca. 1100 v. Chr.
Die Dorer besiedeln vom Peloponnes aus Kos und seine Nachbarinseln.

529 v. Chr.
Kos wird dem persischen Machtbereich einverleibt.

477 v. Chr.
Kos tritt dem attisch-delischen Seebund bei und gerät unter den Einfluß Athens.

460 v. Chr.
Der berühmte Arzt Hippokrates wird auf Kos geboren. Wenig später wird das Asklepieion errichtet, das sich rasch zu einem berühmten Heil- und Kurzentrum entwickelt.

431–404 v. Chr.
Peloponnesischer Krieg mit wechselnden Bündnispartnern.

366 v. Chr.
Gründung der neuen Inselhauptstadt an der Stelle des heutigen Kos-Stadt.

336–323 v. Chr.
Herrschaft Alexanders des Großen und damit Eingliederung ins Makedonische Reich.

323–82 v. Chr.
Hellenistische Zeit. Kos wird zeitweilig von den Ptolemäern in Ägypten regiert.

82 v. Chr.
Kos wird Teil des Römischen Reiches.

1. Jh.
Missionsreisen des Apostels Paulus führen auch nach Kos, das Christentum findet erste Anhänger. Verfolgung der Christen durch den römischen Staat.

313
Durch das Toleranzedikt Kaiser Konstantins werden die Christen vor weiterer Verfolgung geschützt.

395
Bei der Teilung des Römischen Reiches fällt Kos an Ostrom, das spätere Byzantinische Reich mit Konstantinopel als Hauptstadt. Bis ins Jahr 1307 bleibt Kos mit kurzen Unterbrechungen Teil von Byzanz.

554
Ein starkes Erdbeben richtet schwere Verwüstungen auf Kos an, unter anderem wird das Asklepieion zerstört.

612
Sarazenen plündern die Insel.

8.–9. Jh.
Kos leidet unter immer wiederkehrenden Überfällen durch fremde Seemächte und Piraten.

1204
Die Venezianer erobern Konstantinopel und schwingen sich damit zu den Herrschern über Kos auf.

GESCHICHTE AUF EINEN BLICK

1304
Nach Rückeroberung durch Byzanz im Jahre 1262 muß das geschwächte Byzantinische Reich Kos an die Genueser abtreten.

1309
Die Genueser verkaufen Kos und die Nachbarinseln an den Ritterorden der Johanniter, nachdem diese Rhodos erobert hatten.

1457
Erste Landung türkischer Truppen auf Kos.

1523
Nach zahlreichen Kämpfen und Belagerungen fällt die gesamte Insel endgültig ans Osmanische Reich.

1821
Ausbruch der griechischen Erhebung gegen die türkische Herrschaft. Die Inseln des Dodekanes verbleiben zunächst im Osmanischen Reich.

1912
Italienische Truppen landen auf Kos und vertreiben die letzten türkischen Soldaten. Nur rein formell bleibt die Insel Teil der Türkei.

1923
Mit dem Vertrag von Lausanne wird Kos offiziell Teil des italienischen Staates. Léros wird unter den Faschisten zum wichtigsten Kriegshafen der Italiener im östlichen Mittelmeer ausgebaut. Die Italiener errichten zahlreiche Bauten in Kos-Stadt.

1933
Ein schweres Erdbeben zerstört große Teile der Hauptstadt.

1943
Deutsche Truppen besetzen Kos und die Nachbarinseln. Vermeintliche griechische Widerstandkämpfer werden ermordet. Die Juden von Kos werden in Konzentrationslager abtransportiert und ebenfalls grausam ermordet. Terror und Hunger beherrschen die Insel.

1945
Am 9. Mai wird die Insel den Engländern übergeben.

1948
Am 7. März werden alle Inseln des Dodekanes und damit auch Kos Teil Griechenlands.

1967–1974
Während der Zeit der Militärdiktatur dient Léros als Gefangeneninsel, auf der Tausende politische Gefangene unter furchtbaren Umständen eingesperrt sind.

1981
Griechenland wird gleichberechtigtes Mitglied der Europäischen Gemeinschaft. Regierung der sozialistischen PASOK unter Andréas Papandréou.

1989
Wahlsieg der Konservativen unter Konstantinos Mitsotákis.

1993
Erneut übernimmt die sozialistische PASOK bei Neuwahlen die Macht.

1996
Kostás Simítis wird Ministerpräsident des Landes.

1998
Die griechische Regierung verstärkt ihre wirtschaftlichen Anstrengungen, die Maastricht-Kriterien zu erfüllen.

SPRACHFÜHRER

In allen größeren Hotelanlagen wird auch Deutsch gesprochen, in kleineren Hotels, in Restaurants und Souvenirgeschäften von Fall zu Fall. Hauptverkehrssprache im Tourismus ist Englisch. Orts- und Straßenschilder weisen fast immer eine Umschrift in lateinischen Buchstaben auf. Für diesen Reiseführer wurde nicht die international normierte Umschrift aus dem Griechischen gewählt, sondern eine, die deutschsprachigen Reisenden richtige Aussprache griechischer Wörter möglichst erleichtert. So schreiben wir nicht nach traditioneller Art »gyros«, sondern »gíros«. Der Akzent zeigt die betonte Silbe an, mit einem Vokal beginnende, groß geschriebene Wörter (Eigen- und Ortsnamen) ohne Akzent werden stets auf der ersten Silbe betont. Für die Verständlichkeit ist richtige Betonung meist wichtiger als eine korrekte Aussprache! Als Faustregel für die Aussprache gilt, daß alle Silben kurz und die Vokallaute offen ausgesprochen werden.

Zum kleinen Grundwortschatz sollten die Zauberwörter **efcharistó** (danke), **parakaló** (bitte) und **signómi** (Entschuldigung) gehören und als Ausdruck von vielseitiger Verwendbarkeit **jássas**. Das sagt man zur Begrüßung (wie »Guten Tag«, »Grüß Gott« und »Grüezi«), zum Abschied (wie »Tschüs«, »Servus« und »Ade«), beim Heben der Gläser (»Prosit«) und wenn das Gegenüber niest – »Gesundheit« –, was denn auch die Grundbedeutung dieses Wortes ist. Die Griechen freuen sich, wenn ihre Besucher sich bemühen, zumindest einige Floskeln in der Landessprache zu beherrschen. Probieren Sie es einfach einmal!

Das griechische Alphabet

Groß-buch-stabe	Klein-buch-stabe	Name	Ausspracheregeln	Um-schrei-bung
A	α	álfa	kurzes a wie in »Hand«	a
B	β	wíta	w wie »Wonne«	w
Γ	γ	gámma	j wie in »Jonas« vor den Vokalen -i und -e, weiches g vor den übrigen Vokalen	j, g
Δ	δ	délta	wie stimmhaftes engl. th, z. B. in »the«	d, D
E	ε	épsilon	e wie in »Bett«	e
Z	ζ	síta	stimmhaftes s wie in »Rose«	s
H	η	íta	kurzes i wie in »Ritt«	i
Θ	θ	thíta	wie stimmloses engl. th, z. B. in »thanks«	th
I	ι	jóta	i wie in »Ritt«	i
K	κ	káppa	k wie in französisch »col«	k
Λ	λ	lámbda	l wie im Deutschen	l
M	μ	mi	m wie im Deutschen	m
N	ν	ni	n wie im Deutschen	n
Ξ	ξ	ksi	ks wie »Axt« oder »Lachs«	x
O	ο	ómikron	o wie »oft«	o

SPRACHFÜHRER

Groß-buch-stabe	Klein-buch-stabe	Name	Ausspracheregeln	Um-schrei-bung
Π	π	pi	p wie im Französischen »pomme«	p
Ρ	ρ	ro	Zungenspitzen-R wie im Italienischen	r
Σ	σ, ς	sigma	stimmloses s wie in »Tasse«; stimmhaftes s wie in »Rose« vor stimmhaften Konsonanten	s, ss s
Τ	τ	taf	t wie im Französischen »tableau«	t
Υ	υ	ípsilon	kurzes i wie in »Ritt«	i
			w wie in »Wonne« nach Alfa und Epsilon, wenn ein stimmhafter Konsonant folgt	w
			f wie in »Fehler« nach Alfa und Epsilon, wenn ein stimmloser Konsonant folgt	f
Φ	φ	fi	f wie in »Fehler«	f
Χ	χ	chi	ch wie in »ach« vor a-, o- und u-Lauten sowie vor Konsonanten	ch
			ch wie in »ich« vor e- und i-Lauten	ch
Ψ	ψ	psi	ps wie in »Pseudonym«	ps
Ω	ω	ómega	o wie in »oft«	o

Buchstabenkombinationen

Groß	Klein	Name	Ausspracheregeln	Umschreibung
ΑΙ	αι	álfa-jóta	e wie in »Bett«	e
ΕΙ	ει	épsilon-jóta	i wie in »Ritt«	i
ΟΙ	οι	ómikron-jóta	i wie in »Ritt«	i
ΟΥ	ου	ómikron-ípsilon	u wie in »bunt«	u
ΑΥ	αυ	álfa-ípsilon	af wie in »Affe« vor stimmlosen Konsonanten, in allen anderen Fällen aw wie in »Avus«	af aw
ΕΥ	ευ	épsilon-ípsilon	ef wie in »Effekt« vor stimmlosen Konsonanten, in allen anderen Fällen ew wie in »Beweis«	ef ew
ΓΓ	γγ	gamma-gamma	ng wie in »lang«	ng
ΓΧ	γχ	gamma-chi	Lautkombination ngch	ngch
ΜΠ	μπ	mi-pi	In Fremdwörtern (meist am Wortanfang) wie deutsches b, in Wortmitte (außer bei Fremdwörtern) mb wie in »Amboss«	b mb
ΝΤ	ντ	ni-taf	wie oben: in Fremdwörtern ... wie deutsches d, in Wortinneren ... wie nd in »Anden«	d nd
ΓΚ	γκ	gamma kappa	wie oben: in Fremdwörtern ... wie deutsches g, im Wortinneren ... wie ng in »lang«	g ng

SPRACHFÜHRER

Wichtige Wörter und Ausdrücke
Alle griechischen Worte sind in Lautschrift wiedergegeben.

ja	*nä*
nein	*óchi*
vielleicht	*íssos*
bitte	*parakaló*
danke	*efcharistoó*
Wie bitte?	*Oríste*
und	*kä*
Ich verstehe nicht	*Denn katalawéno*
Entschuldigung	*Signómi*
Guten Morgen	*Kaliméra*
Guten Tag	*Kaliméra*
Guten Abend	*Kalispéra*
Gute Nacht	*Kaliníchta*
Hallo	*jássas*
Ich heiße	*Mä léne ...*
Ich komme aus...	*Íme ápo ...*
Wie geht's	*Ti kánete*
Danke, gut	*kalá*
wer, was, welcher	*pjoss, ti, pjoss*
wieviel	*pósso*
Wo ist ...	*Pu íne ...*
wann	*pótte*
Wie lange	*Possón keró*
stündlich	*káthe óra*
täglich	*káthe méra*
Sprechen Sie Deutsch?	*Miláte jermaniká?*
Auf Wiedersehen	*adío*
Wie wird das Wetter?	*Poss tha íne o keróss?*
heute	*símera*
morgen	*áwrio*

Zahlen

eins	*énnas, mía, énna*
zwei	*dío*
drei	*tris, tría*
vier	*tésseris, téssera*
fünf	*pénde*
sechs	*éksi*
sieben	*eftá*
acht	*októ*
neun	*ennéa*
zehn	*dékka*
20	*íkossi*
30	*triánda*
40	*saránda*
50	*penínda*
60	*eksínda*
70	*efdomínda*
80	*okdónda*
90	*enneninda*
100	*ekkató*
1000	*chíljes*
10 000	*dékkachiljádes*
1 000 000	*énna ekkatomírio*

Wochentage

Montag	*deftéra*
Dienstag	*tríti*
Mittwoch	*tetárti*
Donnerstag	*pémpti*
Freitag	*paraskewí*
Samstag	*sáwato*
Sonntag	*kiriakí*

Mit und ohne Auto unterwegs

Wie weit ist es nach ...	*Pósso makriá ine ja ...*
Wie kommt man nach ...	*Poss póro na páo ja ...*
Wo ist ...	*Pu íne ...*
die nächste Werkstatt	*to sinerjío edó kondá*
der Bahnhof/ Busbahnhof	*o stathmós/o stathmós leoforíon*
eine U-Bahn	*énne stathmós tu elektrikú*
der Flughafen	*o aeropórto*
die Touristen- information	*to praktorío turistikón pliroforíon*
die nächste Bank	*mía trápesa edó kondá*
die nächste Tankstelle	*énna wensinádiko edó kondá*
Ich möchte ...	*Tha íthela ...*
Ich will ...	*Thélo ...*
Wissen Sie ...?	*Ksérete ...?*
Haben Sie ...?	*Échete ...*
Wo finde ich ...	*Pu íne edó ...*
– einen Arzt	*– énna jatró*
– eine Apotheke	*– énna farmakío*
Bitte volltanken!	*Jemíste, parakaló*
Normalbenzin	*wensíni aplí*

SPRACHFÜHRER

Super	*supér*
Diesel	*petrélio*
bleifrei	*amóliwdi*
rechts/links/ geradeaus	*deksjá/aristerá/ efthía*
Ich möchte ein Auto/ein Fahrrad mieten	*Thélo na nikjásso enna aftokínito/ énna podilato*
Wir hatten einen Unfall	*Íchame énna atíchima*
Eine Fahrkarte nach ... bitte	*Énna issitírjo ja ...m parakaló*
Ich möchte ... DM (Schillinge/ Franken) in Drachmen wechseln	*Thélo na alákso jermaniká márka (sillíngia/fránga) se drachmés*

Hotel

Ich suche ein Hotel	*Psáchno énna ksenodochío*
Ich suche ein Zimmer	*Psáchno énne domátjo*
– für 2/3/4 Personen	*– ja dio/tría/téssera átoma*
Haben Sie ein Zimmer frei	*Échete enna domátjo léfthero*
– für eine Nacht	*– ja mía níchta*
– für zwei Tage	*– ja dio méres*
– für eine Woche	*– ja mía ewdomáda*
Ich habe ein Zimmer reserviert	*Éklissa énna domátjo*
– mit Frühstück	*– mä pro-i-nó*
– mit Halbpension	*– mä énna jéwma*
Kann ich das Zimmer sehen?	*Bóro na to do*
Ich nehme das Zimmer	*Na to páro*
Kann ich mit Kreditkarte zahlen	*Bóro na plirósso mä pistotiki kárta?*
Haben Sie noch Platz für ein Zelt/einen Wohnwagen?	*Ipárchi akóma méros ja mía skiní/énna trochóspito?*

Restaurant

Die Speisekarte bitte	*Ton katálogo, sass parakaló*
Die Rechnung bitte	*To logarjasmó, parakaló*
Alles zusammen, bitte	*Ólla masí, parakaló*
Ich hätte gern einen Kaffee	*Tha íthela énna kaffé*
Ist dieser Stuhl noch frei?	*Íne eléftheri aftí í thési?*
Wo sind die Toiletten?	*Pu íne i tualéttes?*
Damen/Herren	*jinékes/ándres*
Kellner	*garssón*
Frühstück	*pro-i-nó*
Mittagessen	*jéwma*
Abendessen	*dípno*

Einkaufen

Wo gibt es ...?	*Pu échi, pu ipárchi ...?*
Haben Sie ...?	*Échete ...?*
Wieviel kostet das?	*Pósso échi/pósso kostísi?*
Das ist sehr teuer	*Íne polí akriwó*
Geben Sie mir bitte	*Dóste mu, sass parakaló*
100 g/ein Pfund/ ein Kilo	*ekkató grammária/ mísso kiló/énna kiló*
Danke, das ist alles	*Aftá, efcharistó*
geöffnet/ geschlossen	*aniktó/klistó*
Bäckerei	*artopiío, fúrnos*
Kaufhaus	*polikatástima, emborikó*
Metzgerei	*kreopolío*
Lebensmittelgeschäft	*pandopolío, míni-márket*
Briefmarken für einen Brief/ eine Postkarte	*grammatóssima ja éna grámma/ ja mía kárta*
nach Deutschland/Österreich/in die Schweiz	*ja tin jermanía/ ja tin afstría/ ja tin elwetía*
eine Telefonkarte	*mía tilekárta*

ESSDOLMETSCHER

A

angúrja saláta (αγγούριασαλάτα): Gurkensalat
arnáki (αρνάκι): Lamm
– *fassolákja (αρνάκι φασολάκια):* Lammfleisch mit grünen Bohnen
arní (αρνί): Hammel
– *patátes (αρνί πατατες):* Hammel mit Kartoffeln
– *piláfi (αρνί πιλάφι):* Hammel mit Reis
arsinósalata (αρσινόσαλατα): Seeigel-Salat
áspro krassí (άσπρο κρασί): Weißwein
astakós (αστακός): Hummer
awgó, awgá (αυγό, αυγά): Ei, Eier

B

bakaljáros (μπακαλιάρος): gekochter Stockfisch
baklavas (μπακλαβας): Nachtisch aus Blätterteig mit Nüssen, Mandeln, Pistazien und Honig
bamjés (μπαμιές): Okra-Schoten
barbúnia (μπαρμπούνια): Rotbarben
brisóla (μπρισόλα): Kotelett (Rind oder Schwein)

C

chirinó (χοιρινό): Schwein
choriátiki (χωριάτικι): Bauernsalat mit Schafskäse
chórta (χόρτα): grünes Gemüse

D

diáfora orektiká (διάφορα ορεκτικά): gemischte Vorspeisen
dolmádes (ντολμάδες): mit Reis und Hackfleisch gefüllte Weinblätter
domatósupa (ντοματόσοθπα): Tomatensuppe
dsadsíki (τζατζίκι): Joghurt mit geriebener Gurke, Knoblauch, Zwiebeln und Olivenöl

E

eljés (ελιές): Oliven
entrádes (εντπάδες): Eintopf- und Fertiggerichte

F

fassoláda (φασολάδα): Bohnensuppe
fassólja (φασόλια): Bohnen
féta (φέτα): weißer Schafkäse

G

gála (γάλα): Milch
gíros (γίρος): Geschnetzeltes vom Drehspieß
gliká (γλυκά): Süßspeisen
glóssa (γλώσσα): Seezunge

I/J

Jaúrti anjeládos (γιούρτι αγελάδος): Joghurt aus Kuhmilch
– *práwjo (πρόβειο):* Joghurt aus Schafsmilch
jemistés (γεμιστές): gefüllte Tomaten und Paprikaschoten

K

kafés (καφές): griechischer Kaffee
– *glikó (γλυκό):* süß
– *métrio (μέτριο):* leicht gesüßt
– *skétto (σκέττο):* ungesüßt
kalamarákja (καλαμαράκια): Tintenfische
karpúsi (καρπούσι): Wassermelone
kefalotíri (κεφαλοτύρι): Hartkäse
keftédes (κεφτέδες): Hackfleischkugeln
kokkinistó (κοκκθνιστό): geschmort
kokorédsi (κοκορέτσι): am Spieß gegrillte Innereien
kolokidálka (κολοκυδάκια): Zucchini
kotópulo (κοτόπουλο): Huhn
krassí (κρασί): Wein
kréas (κρέας): Fleisch

L

lachanikó (λαχανικό): Gemüse
láchanosaláta (λαχανοσαλάτα): Krautsalat
ládi (λάδι): Öl
laderá (λαδερά): Ölgebackenes
lemóni (λεμόνι): Zitrone

M

manúri (μανούρι): Schafkäse
marides (μαρίδες): Sardellen
máwro krassí (μαύρο κρασί): Rotwein
meli (μέλι): Honig
melidsánes (μελιτζάνες): Auberginen
melidsánosaláta (μελιτζάνοσαλάτα): kaltes Auberginenpürree
mesé (μεσέ): kalte und warme Vorspeisen
metallikó neró (μεταλλικό νερό): Mineralwasser ohne Kohlensäure
mídja (μύδια): Muscheln
moss chári (μοσχάρι): Kalb
moussakás (μουσακάς): Auberginenauflauf mit Hackfleisch, Kartoffeln und einer Béchamel-Sauce

N

neró (νερό): Wasser
nescafé νεσκαφέ): Instant-Kaffee
 – *frappé (φραππέ):* kalt
 – *sestó (ζεστό):* heiß

O

orektiká (ορεκτικά): Vorspeisen

P

païdákja (παϊδάκια): Lammkoteletts
 – *s'cháras (σχάρας):* gegrillte Lammkoteletts
pastítsio (παστίτσο): aus Nudeln, Hackfleisch und Tomaten geschichteter Auflauf

patátes (πατάτες): Kartoffeln
 – *tiganités (τηγανιτές):* Pommes frites
piláfi (πιλάφι): Reis
psári, psárja (ψάρι, ψάρια): Fisch, Fische
psitó (ψητό): gebraten
psomí (ψωμί): Brot

R

rakí (ρακί): Tresterschnaps
rénga (ρέγγα): Hering
rísi (ρύζι): Reis

S

saganáki (σαγγανάκι): gegrillter Schafkäse
saláta (σαλάτα): Salat
sardélles (σαρδέλλες): eingelegte Sardellen, kalte Vorspeisen
síka (σύκα): Feigen
simariká (ζυμαρικά): Nudel- und Reisgerichte
skumbrí (σκουμπρί): Makrele
spanáki (σπανάκι): Spinat
stifádo (στιφάδο): eine Art Gulasch aus Rindfleisch mit Zwiebeln, gewürzt mit Zimt und Lorbeeren
sudsukákja (σουτζουκάκια): Hackfleischwürstchen in Sauce
súpa awgolémono (σούπα αυγολέμογο): Brühe mit Reis, Eiern und Zitrone
suwlákja (σουβλάκια): Schweinefleischspießchen

T

taramosaláta (ταραμοσαλάτα): Fischrogenpüree
tirjá (τυριά): Käse
tónnos (τόννος): Thunfisch
tsai (τσάι): Tee

W

wodíno (βωδίνο): Rind
wútiro βούτυρο): Butter

Orts- und Sachregister

Wichtige Informationen

Hier finden Sie die in diesem Band beschriebenen Orte und Ausflugsziele. Außerdem enthält das Register wichtige Personen, Stichworte sowie alle Tips dieses Reiseführers. Wird ein Begriff mehrfach aufgeführt, verweist die **fett** gedruckte Zahl auf die Hauptnennung. Die **Buchstaben-Zahlen-Kombinationen** verweisen auf die Karten in den Umschlagklappen.

A
Agía Kioúra (Léros) 94
Agía Marína (Léros) 90
Agía Paraskevi (Andimáchia) 64
Agía Paraskevi (Kos-Stadt) 38
Ágios Fokás 46; E2
Ágios Geórgios (Mastichári) 58; C2
Ágios Ioánnis (Mastichári) 57, **58**; B2
Ágios Ioánnis Theológos (Níssyros) 98
Ágios Ioánnis Thymianós **81**, 83, 84; A4
Ágios Issidóros (Léros) 94
Ágios Mámas 84
Ágios Nikólaos (Andimáchia) 63
Ágios Pávlos (Zipári) 72
Ágios Stéfanos (Kamári) 74, **77**; B3
Ágios Stéfanos (Strand) 78; B3
Agorá (Kamári) 77
Agorá (Kos-Stadt) 36
Agriolivádi (Pátmos) 105
Alikes (Salzsee) 59; C1/D1
Álinda (Léros) 94
Andimáchia 10, 60, **62**, 83; C2
Ankunft 12
Anreise 12
Antikes Theater (Palátia) 81; A4
Archäologisches Museum (Kos-Stadt) 35, 37, **40**
Arginóndas (Kálymnos) 88
Artemistempel (Léros) 94
Asfendíou 64
Asklepieion 8, **46**; D2
Asklepios-Tempel 50
Aspri Pétra 81; B4
Ausflug mit Kindern (Tip) 25
Ausgrabungen (Kos-Stadt) 39
Auskunft 108
Autofahren 13, 14
Autorundfahrt 82, 84

B
Bahnverbindungen 13
Banana Beach (Strand) 78; B3
Basarviertel (Bodrum) 107
Basilika des Kapamá (Zipári) 72
Basilika Kamaríou (Kamári) 77; B4
Belleniturm (Léros) 94
Bevölkerung 108
Bodrum (Türkei) 11, **107**
Busverbindungen 13

C
Caldera (Níssyros) 97
Camel Beach (Strand) 78; B3
Camping 17
Captains Studios (Hotel, Marmári, Tip) 56; C2
Casa Romana (Kos-Stadt) 34, **37**
Christós tis Jerusalim (Kálymnos) 87

D
Defterdar-Moschee (Kos-Stadt) 35, **37**
Díkeos-Gebirge 9, **60**, 83
Dionysos-Tempel (Kos-Stadt) 37
Diplomatische Vertretungen 108
Dorfbrunnen (Pilí) 70

Orts- und Sachregister

E
Einkaufen 22
Embóriós (Níssyros) 98
Embrós-Thermen (Strand) 28; E2
Embrós-Thermen 50; E2
Entfernungstabelle 15
Eßdolmetscher 122
Essen 18
Evangelístria **64**, 82; D2

F
Fährverbindungen 13
Fahrräder 15
Feiertage 109
Fernsehen 109
Feste 29
Festspiele 29
FKK 109
Flugverbindungen 12, 13
Fotografieren 110

G
Geld 110
Geschichte 116
Getränke 20
Goúrnas (Léros) 94
Grab des Charmylos (Pilí) 70
Gríkos (Pátmos) 104
Grotte der Apokalypse (Pátmos) 102

H
Hippokrates 8
Hotels 16

I
Ikonen 23
Inselmitte 60
Isódia tis Panagías (Kéfalos-Stadt) 80
Italienische Bauten (Kos-Stadt) 37

J
Johanneskloster (Pátmos) 102
Johanniterburg (Níssyros) 97
Johanniterburg St. Peter (Bodrum) 107
Johanniterfestung (Kardámena) 65
Juwelier Gatzákis (Kos-Stadt, Tip) 43

K
Kálymnos (Tip) 10, 23, **85**, 106
Kamári 9, 74, **76**; B3
Kámbos (Pátmos) 105
Kap Kata (Strand, Tip) 28; A4
Kap Kata 80
Kap Skandári 8
Kapelle der Jungfrau Maria (Pátmos) 103
Kardámena 9, 60, **64**; C3
Kastell (Andimáchia) 60, **63**; C3
Kastell (Kéfalos-Stadt) 80
Kastell (Kos-Stadt) 35, **38**
Kastell (Léros) 91
Kástri 77
Katholikon (Pátmos) 102
Kéfalos 10, 83, **84**
Kéfalos-Halbinsel 74
Kéfalos-Stadt 80; A3
Kinder 24
Kirá (Níssyros) 99
Kleidung 111
Kos-Stadt 7, **32**, 82; E1
Krithóni (Léros) 94
Kunstgewerbe (Pilí, Tip) 70; C2

L
Lagoúdi 9, **68**; D2
Lakkí (Léros) 95
Lámbi 51; E1
Lámbi (Pátmos) 105
Latérna (Hotel, Lagoúdi, Tip) 68; D2
Látra 84
Léros 11, **90**
Lesetip 10
Limniónas (Strand) **28**, 80; A3/B3
Loggia-Moschee (Kos-Stadt) 38
Loutrá (Níssyros) 97

M
Magic Beach (Strand) 78; B3
Makros Beach (Strand) 78; B3
Mandráki (Níssyros) 96
Marienkirche (Léros) 91
Marienkloster (Níssyros) 97
Markthalle (Kos-Stadt) 37
Marmári 8, 54, **56**, 83; C1/C2
Massoúri (Kálymnos) 87
Mastichári 8, 54, **57**, 83; C2
Mausoleum von Halikarnássos (Bodrum) 107
Medizinische Versorgung 111
Meloi (Pátmos) 105
Mietfahrzeuge 14
Mietwagen (Tip) 14
Mirtiés (Kálymnos) 87
Moní tis Apokálipsis (Pátmos) 102
Moní tou Evangelismoú (Pátmos) 105
Mountainbiking 27
Museum (Léros) 91
Museum (Pátmos) 104
Museum (Pilí) 69

ORTS- UND SACHREGISTER

N
Naturschwamm (Kálymnos, Tip) 23, **85**
Nikiá (Níssyros) 98
Níssyros 11, 60, **96**
Nordküste 54
Notruf 112

O
Odéon (Kos-Stadt) 34, **38**
Öffentliche Verkehrsmittel 15

P
Palátia 81; A4
Paleókastro (Níssyros) 97
Paléo Pilí 60, **68**; D2
Panagía i Palatianí 81; A4
Panagía tis Kavourádenas (Léros) 95
Pandéli (Léros) 91
Panorama Studios (Hotel, Kamári, Tip) 17; B3
Panórmos (Kálymnos) 87
Paradise Beach (Strand) 28, 74, **79**, 83; B3
Paragliding 27
Pátmos 11, **100**
Péra Kástro (Kálymnos) 86
Pferderennen (Pilí, Tip) 30; C2
Pilí 9, **69**, 82; C2
Plaka 64; B3/C3
Platane des Hippokrates (Kos-Stadt) 39
Platáni 52; D1/E1
Plefoúti (Léros) 94
Politik 112
Post 113
Póthia (Kálymnos) 85
Preisklassen (Hotels) 17

Preisklassen (Restaurants) 21
Psalídi 53; E1
Psérimos (Strand) 28; C1
Psérimos 106
Psilí Ámos (Pátmos) 105

R
Radfahren 27
Reisedokumente 113
Reisewetter 113
Reiten 27
Restaurants 20
Restaurant Arap (Platáni, Tip) 52; D1/E1
Routen 82, 84, 85, 90, 96, 100, 106, 107
Rundfunk 113

S
Salzsee 59; C1/D1
Schiffsverbindungen 13
Schiffstouren 85, 90, 96, 100, 106, 107
Schwammtaucher (Kálymnos) 86
Segeln 27
Skála (Pátmos) 100
Skaliá (Kálymnos) 88
Sport 26
Sprache 113
Sprachführer 118
Stéfanos-Krater (Níssyros) 98
Strände 24, 26, **28**
Stromspannnung 113
Sunny Beach (Strand) 28, **79**; B3

T
Taverne Katerina (Restaurant, Kamári, Tip) 21; B3
Taxis 15
Telefon 113
Tennis 27
Tiere 114

Tigáki 8, 54, **59**, 83; D1
Touren 82, 84, 85, 90, 96, 100, 106, 107
Tourismus 6
Transferbus 13
Trinkgeld 114

U
Unterkunft 16

V
Vathís (Kálymnos) 88
Volkskundemuseum (Andimáchia) 62
Volkskundliches Museum (Kéfalos-Stadt) 80
Vouvális-Museum (Kálymnos) 86

W
Wandern 27
Wanderung 84
Wassermühlen (Zía) 71
Wasserski 27
Weine 20
Westkap 84
Westküste 74
Westliches Ausgrabungsgelände (Kos-Stadt) 39
Windsurfen 27
Wirtschaft 114

X
Xirókambos 95

Z
Zeitungen 115
Zeitverschiebung 115
Zía 9, 60, **71**, 82; D2
Zipári **72**, 82; D1/D2
Zoll 115

IMPRESSUM

WICHTIGE INFORMATIONEN

Liebe Leserinnen und Leser,

wir freuen uns, Ihre Meinung zu diesem Reiseführer zu erfahren. Bitte schreiben Sie uns, wenn Sie Berichtigungen und Ergänzungsvorschläge haben oder wenn Ihnen etwas besonders gut gefällt:

Gräfe und Unzer Verlag, Reiseredaktion, Postfach 86 03 66, 81630 München, Grillparzerstraße 12, 81675 München

Alle Angaben in diesem Reiseführer sind gewissenhaft geprüft. Preise, Öffnungszeiten usw. können sich aber schnell ändern. Für eventuelle Fehler übernimmt der Verlag keine Haftung.

1. Auflage 1999
© Gräfe und Unzer Verlag GmbH, München

Alle Rechte vorbehalten. Nachdruck, auch auszugsweise, sowie Verbreitung durch Film, Funk und Fernsehen, durch fotomechanische Wiedergabe, Tonträger und Datenverarbeitungssysteme jeglicher Art nur mit schriftlicher Genehmigung des Verlages.

Lektorat und Redaktion:
Christa Botar
Bildredaktion: Dirk Wagner
Kartenredaktion:
Reinhard Piontkowski

Gestaltung: Ludwig Kaiser
Umschlagfoto: M. Pasdzior,
Bucht von Kamári
Karten: Kartographie Huber
Produktion: Helmut Giersberg
Layout: Hans Raab
Druck und Bindung: Stürtz AG
ISBN 3-7742-0615-5

Alle Fotos von F. Dressler außer
M. Gonzales/laif 11, 24, 29, 44, 53, 55, 90, 106, 111
M. Pasdzior 7, 12, 16, 26, 51, 61, 67, 73, 79, 92/93, 96, 99, 109, 114, 115
H. Weiß 63, 69

Dieses Buch wurde auf chlorfrei gebleichtem Papier gedruckt.